Weideland

John Lewis-Stempel bij Atlas Contact

Het geheime leven van de uil

John Lewis-Stempel

Weideland

Een jaar uit het leven van een Engels veld

Vertaald door Arthur Wevers

Uitgeverij Atlas Contact
Amsterdam/Antwerpen

Oorspronkelijke titel *Meadowland. The Private Life of an English Field*
Oorspronkelijke uitgeverij Black Swan
Omslagontwerp Suzan Beijer
Omslagbeeld Matt Underwood *Lark Ascending*
Typografie binnenwerk Elgraphic
Kaart en illustraties binnenwerk Micaela Alcaino
Drukkerij Bariet Ten Brink, Meppel

ISBN 978 90 450 3700 4
D/2019/0108/747
NUR 410/940

www.atlascontact.nl

MIX
Papier van verantwoorde herkomst
FSC® C004472

Voor Penny, Tristram en Freda. Natuurlijk.

Inhoud

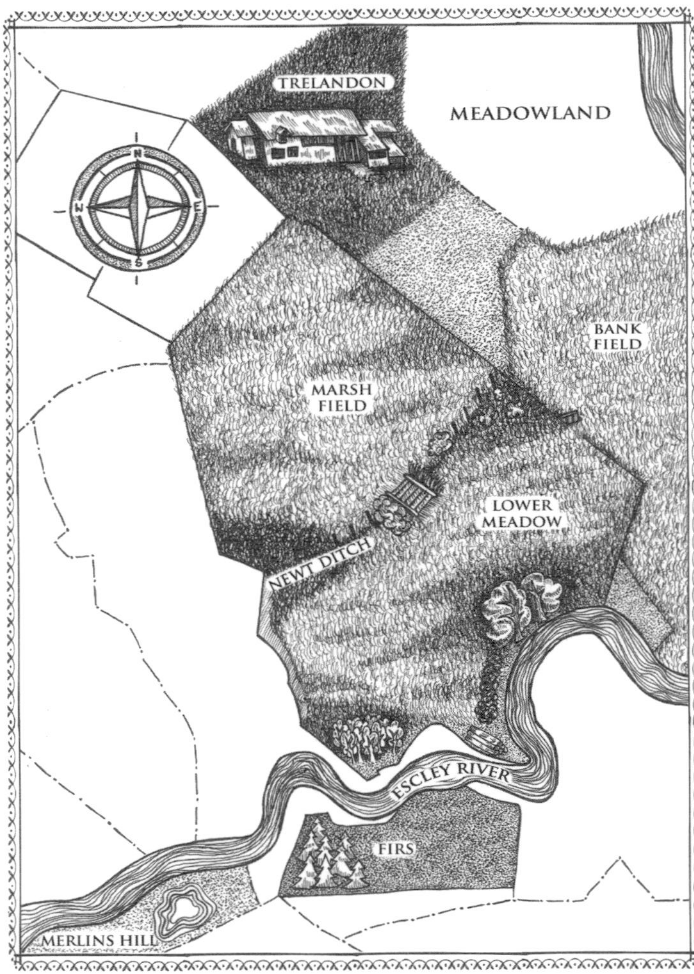

MEADOWLAND MAP

Voorwoord

Ik kan je alleen vertellen hoe het voelde. Hoe het was om een veld te bewerken en te bestuderen en verbonden te zijn met alles wat er was en ooit was geweest. Het is zinloos om het te rationaliseren. De romantische dichter William Wordsworth was niet altijd de betrouwbaarste chroniqueur van het Britse platteland, maar dit heeft hij goed gezien:

> Wat de natuur leert is volmaakt;
> 't Verstand is ontevreden,
> Verminkt de schoonheid die het raakt –
> We moorden en ontleden.

Januari

Graspieper

De ijsmaan komt al op boven Merlin's Hill wanneer ik laat op de avond naar het veld loop om naar snippen te kijken. De wind heeft een venijnig staartje en ritselt met de dode bladeren van aluminiumfolie die nog aan de eiken bij de rivier hangen. Wanneer ik het hek open en het schitterende uitzicht in me opneem, maakt mijn hart zoals gewoonlijk een sprongetje: de uitgestrektheid van het veld, de omlijsting van heggen, de zachte glooiingen van Merlin's Hill aan de linkerkant, dan rechts om me heen de dreigende damwand van de Black Mountains. Op de bergtoppen ligt sneeuw, sneeuw die zo glad is als een bruidstaart.

Wanneer ik het veld in stap, heb ik het gevoel dat ik een groot vierkant toneel betreed en de laatste levende op aarde ben. Nergens een huis, mens of auto te bekennen. Je slaakt een zucht wanneer je zo'n veld betreedt.

De snippen houden van de vochtige hoek van het weiland, waar de oude sloot lekt en de inhoud wegsijpelt, waardoor de scherpe stengels van zegge daar overheersen. De snippen zijn hier gister- en eergisteravond langsgekomen omdat de grond vriendelijk is voor hun dolksnavels en de zegge beschutting biedt.

Het gras van het veld wordt al spookachtig door de vorst. Voor me vliegt een kleine zwerm bruine graspiepers op, alsof de vogels aarzelend en kwebbelend een onzichtbare trap beklimmen. In de winter is de non-descripte graspieper een kuddedier, en hij is ook werkelijk een weidevogel. De Latijnse naam van de vogel is *Anthus pratensis* – *pratensis* is Latijn voor 'van een weiland' en pieper verwijst naar de pieperige roep van de vogel. De vogel staat ook bekend als *cheeper*, *teetan* en *peeper*; die namen zijn verbale imitaties van zijn roep. Daaruit blijkt wel dat de complexiteit van vogelzang onmogelijk met woorden te vangen is.

Aan het einde van het veld, dat aan Grove Farm grenst, glibber ik de sloot in. Dit is het uiterste westen van Herefordshire, waar het regent en waar Engeland ophoudt. Deze sloot, die is gegraven om de afvloeiing van de hoger gelegen velden op te vangen, is zo diep dat een soldaat in Vlaanderen er een eeuw geleden gemakkelijk dekking had kunnen zoeken.

Ik leg mijn armen op de bovenkant van de rode wanden en wacht in de sloot, die bijna droog staat. Ik vind het prettig om in de sloot te wachten en onzichtbaar te zijn. Soms neem ik mijn jachtgeweer mee en schiet ik duiven, fazanten en konijnen, maar geen snippen. Deze onopvallende waadvogel met de stilettosnavel komt zo zelden op bezoek dat ik hem niet eigenhandig kan doden. Dat zou net zoiets zijn als het vermoorden van gasten. Ergens in een heg klinkt het alarmsignaal van een merel.

De snippen komen niet. Maar snippen zijn altijd geheimzinnig – hun verenkleed is tovenarij, een camouflage van aardkleurige strepen en vlekken. Wanneer ik na ongeveer veertig minuten oud en stijf ben van de kou en uit de sloot wil klauteren zie ik vanuit mijn ooghoek een vage vorm die zich onder het prikkeldraad van het hek wurmt en een pluk van zijn zilveren borstelhaar in het prikkeldraad achterlaat.

We schrijven dieren een bijna bovennatuurlijk reukvermogen toe, maar het geval wil dat dit exemplaar zich in het geheel niet bewust is van mijn aanwezigheid omdat de wind mijn kant op staat.

Wanneer hij nadert over het veld herken ik hem aan zijn slepende achterpoot. Het is de oude mannetjesdas. Dassen houden niet echt een winterslaap, maar hij zit nu al dagen onder de grond om de ijzige vorst te ontlopen. Brock is een nazi en leeft naar Görings uitspraak: 'Liever kanonnen dan boter.' Hij heeft ongetwijfeld honger, maar besluit eerst zijn territorium te inspecteren.

Grappig genoeg is de oostgrens van zijn territorium dezelfde als de onze – hij beschouwt de veehekken als zijn landsgrens. Daar schuifelt de das nu met zijn zwart-witte snuit over de grond om iedere vijf meter even halt te houden en geursporen achter te laten. De zon is allang onder en in het kwart maanlicht zie ik alleen door de verbijsterende luminescentie van de witte banden op zijn kop dat hij verder schuifelt.

Hij is tevreden over zijn onwelriekende verdedigingswerken en komt over het veld mijn richting uit.

Voor een dier van zijn afmetingen neemt een das nogal kleine porties eten. Wanneer hij nog geen twintig meter van me verwijderd is, zie ik dat hij oude koeienvlaaien omdraait, met het aplomb van een pizzabakker. In deze kou kunnen er niet veel wormen in zitten, maar aan het einde van de zomer, wanneer er is gehooid en het zachtjes heeft geregend, zie ik soms hele dassenfamilies die honderden regenwormen tegelijk opzuigen. Een das eet gemakkelijk twintigduizend regenwormen per jaar. Maar dit veld van meer dan twee hectare huisvest waarschijnlijk zo'n zes miljoen *Lumbricus terrestris*; de kans dat de dassen ze ooit allemaal zullen opeten is niet zo groot.

Vanavond maakt hij echter niet veel buit en hij gaat er weer vandoor. Ik volg zijn spoor. En zo hoort het ook te zijn. Hij heeft voorrang. De das is de oudste landeigenaar in Groot-Brittannië en liep al door de loofbossen van het zuiden van Engeland voordat het Kanaal ons van het 'Continent' scheidde. Wanneer ik over het veld loop, draai ik een stel koeienvlaaien om met de punt van mijn regenlaars om te zien wat de das heeft gegeten: kleine, glinsterende grijze naaktslakken.

Ik zei wel dat het veld vlak is, maar dat is niet helemaal waar, hoewel het wel buitengewoon vlak is voor een heuvellandschap. Het veld heeft een lichte glooiing, van het westen naar het oosten. Op het eerste gezicht lijkt het één habitat, net als andere velden, maar net als vrijwel alle velden zijn het er meerdere. Kijk eens beter. Bij de veehekken, waar de koeien voor zich uit staren, is de grond kaal en zijn er voren te zien in het maanlicht. Aan de westkant, bij de lekkende sloot, die al het water uit Marsh Field ('Moerasveld') daarboven afvoert, wordt de bodem drassig. Daar zitten snippen. Deze sloot loopt deels over in het veld en is daar zo diep en traag dat het bijna een rechthoekig meertje wordt. Dit is de plek waar kikkers en watersalamanders leven. Verder heeft het veld een landtong die nogal onordentelijk uitsteekt en door bomen wordt omringd. Er wordt nooit gemaaid omdat er geen plek is om er met een tractor met een vingermaaibalk te komen (of, jaren eerder, met een paard). Onder de meeste heggen die om het veld staan, is de grond droog, vooral aan de noordkant van de heg in het westen. De schapen komen hier graag om te slapen en te schuilen, en ze laten plukken van hun vacht achter in de meidoorn en zwartgroene keutels op de grond. Dat doen ze nu ook, een kudde van dertig Ryelands, vijftien Shetlandschapen en tien Hebrideans, die hijgerig staan te herkauwen. Hier groeien distels, waarvan in oktober zwermen puttertjes de zaden eten.

Wanneer je gaat liggen en in de vrieskou je blik over de grond laat gaan, blijkt het veld helemaal niet zo vlak te zijn, maar hobbels en kuilen van eeuwenlang gebruik te vertonen. Er verspreidt zich een netwerk van paden dat een net waarneembare indruk op het veld achterlaat: de sporen van generaties schapen. In de hoefafdrukken van het vee van het afgelopen jaar staat water dat het maanlicht weerspiegelt, alsof iemand honderden zakspiegeltjes heeft rondgestrooid.

Het veld heeft ook onzichtbare contouren. Ik sta weer op en loop naar het onzichtbare punt in het midden van het veld waar de luchttemperatuur verandert, genoeg om me te laten rillen.

Langs de oostkant van het veld loopt een smal bergriviertje, dat zich een weg naar de zee baant. Het stroomt over een kiezellaag van schalie en door glazige diepere gedeeltes en loopt in een lus om de landtong, of de tong, zoals wij zeggen. Het grootste deel van de oever is steil en bedekt met een struikgewas van hulst, elzen, meidoorns, hazelaars, veldesdoorns en klimop – het verwilderde kind van een oeroude moederheg. In het struikgewas staan twee vorstelijke eiken, die zich in hun ouderdom aan de rivieroever vastgrijpen en zich over de rivier buigen op wortels die zo dik zijn als de slurf van een olifant, kronkelend in de grond verdwijnen en angstaanjagende donkere trollengaten achterlaten. De eiken, die ongeveer zevenhonderd jaar oud zijn, zijn overblijfselen uit de tijd dat dit geïsoleerde dal bebost was.

Op de plek waar de rivier het veld verlaat, groeit het struikgewas uit tot een bosje. Hier, verscholen tussen de varens en het kreupelhout, zit een vossenhol. Vossen maken hun holen graag in de buurt van water.

De rivier heeft een naam, de Escley. In *The Place Names of Herefordshire* uit 1916 zei de eerwaarde A.T. Bannister het volgende over de naam 'Escley': 'Verstandige studenten beginnen geen discussie over de naam van een rivier, maar men is geneigd om het woord in verband te brengen met de Keltische wortel waarvan *Exe*, *Usk*, *Ock* en *Ax-Ona* afstammen.' Hij heeft er vermoedelijk gelijk in dat het woord daarvan is afgeleid en afstamt van een Brythonisch stamwoord dat 'rijk aan vis' betekent. Om het iets duidelijker te zeggen: de naam 'Escley' is verwant aan het Welshe woord voor vis, een lexicale herinnering aan het feit dat dit grensgebied in het verleden wel eens van nationaliteit is veranderd. Tegenwoordig ligt het veld iets meer dan een kilometer in Engeland. De Escley is inderdaad redelijk visrijk, en de geduldige visser die zijn hengel uitgooit tussen de elzen langs de rivier zou best een forel kunnen vangen. Op deze avond murmelt de Escley discreet.

Wanneer ik het veld verlaat, krast de raaf, hoewel het avond is, om me eraan te herinneren dat hij en zijn partner een nest hebben in een klein sparrenbosje aan de overkant van de rivier en dat ze het mooiste uitzicht op het veld hebben. Raven blijven hun hele leven bij hun partner, en dit stel zit hier al sinds wij hier zijn komen wonen.

Vanaf het moment dat we naar deze boerderij verhuisden, vormde het veld een bron van vreugde maar ook van wanhoop. Geen veld ziet er beter uit. Ik kan er alleen huizen zien als ik me de volle 360 graden draai, en dan zijn het er maar drie, waaronder het onze. Daar werd ik erg blij van, maar ik werd wanhopig van de toestand van het grasveld. Ik had nog allemaal vastgeroeste ideeën over het boerenbedrijf en vond het bijzonder spijtig dat er zo weinig klaver voor onze koeien en schapen was en dat twee stukken land waren verwoest door ritnaalden.

Dat werd het veld waar ik niets mee deed, de plek waar ik het vee liet grazen wanneer er niets beters beschikbaar was. Niemand had ooit iets met het veld gedaan. De bossen met distels waren zo dicht dat ze er al heel lang leken te staan.

Soms is verwaarlozing goed. In de stad wonen de rijken op de heuvel. Op het platteland zijn het juist de armen die op de heuvel wonen. De grote veehouders en graanbaronnen bezitten het vlakke land. Boeren die het land in de heuvels bewerken ontbreekt het vaak aan de middelen om ingrijpende wijzigingen in het landschap aan te brengen. Of er tientallen liters bestrijdingsmiddelen op te spuiten. Niets is zo goed voor landschapsbeheer als armoede. Gedurende een zomer liet ik het veld voor wat het was en liet ik er geen dieren rondlopen.

De boerendichter John Clare noemde planten 'groene monumenten'. Eind juni bloeiden er bloemen in het veld waarvan ik het bestaan vergeten was, bloemen zoals zwart knoopkruid en kruipend zenegroen, die aantoonden dat het veld vroeger andere doeleinden had en niet als parkeerplaats voor dieren was gebruikt.

Vroeger was het veld hooiland geweest.

7 januari. De sneeuw laat een middeleeuwse rust op het land neerdalen. Meer dan tien centimeter sneeuw, genoeg om te sleeën, en Tris en Freda roetsjen op het aangrenzende Bank Field (het 'glooi-

ende veld') van de heuvel. In het onzichtbare dorp verderop gillen andere kinderen van de pret.

Ik gebruik ook een slee, maar niet omdat ik voor de lol veel te hard van een heuvel wil zoeven. Ik bind een baal lichte hooi aan een pittoreske houten slee en sleep hem mee naar het veld, waardoor ik romantische en hoogdravende associaties met Scott in Antarctica krijg. De schapen zijn meer geïnteresseerd in de halve zak met suikerbieten die ik ook bij me heb en drommen om me heen. De onbevreesde en hongerige schapen springen op. De sneeuw hangt om hun nek als de parels van een debutante op een bal. De sneeuw onderdrukt de grasgeuren van de natuur, waardoor de muskus van de schapen welig tiert.

Uitgestrekte, glinsterende stukken van het veld zijn nog niet door de schapenhoeven vertrappeld. Op deze maagdelijke plekken krijg ik het gevoel dat ik op ontdekkingsreis ben op een nieuwe planeet, wat natuurlijk ook zo is. De witte planeet. Het zonlicht wordt zo fel weerkaatst op de ongerepte sneeuw dat ik mijn ogen moet dichtknijpen alsof ik in de toekomst tuur.

Eigenlijk is niet het hele veld wit. In het midden zitten twee groene vlekken, waar de sneeuw niet blijft liggen omdat er water uit de grond sijpelt. Het zijn oases waar zwermen vogels op afkomen om te drinken en naar voedsel te zoeken. In de zachte modder zie ik pootafdrukken van fazanten en ook de vage driehoekige sporen van kleinere vogels met lange tenen.

In de middag komen ze nog even terug. Drie kieviten.

Het boerenbedrijf is de afgelopen zeventig jaar onherkenbaar veranderd. Door de bevolkingsgroei werden boeren gedwongen meer en sneller te produceren. In de jaren dertig van de twintigste eeuw produceerden Britse boeren genoeg voedsel om zestien miljoen mensen te voeden. Tegenwoordig produceren ze genoeg om veertig miljoen mensen te voeden. Bijna al het weideland wordt nu 'intensief' bebouwd, waarbij geselecteerde grassoorten kunstmest en herbiciden krijgen toegediend. Op intensief bebouwd grasland is de grasoogst sinds de jaren veertig met honderdvijftig procent gestegen.

Dat heeft een prijs. Zevenennegentig procent van de traditionele weilanden is nu verdwenen. De behandeling met kunstmest kwam niet ten goede aan de kwetsbaarder grassoorten, die in de verdrukking kwamen door de krachtiger soorten. Het nieuwe regime van twee of zelfs drie keer per jaar maaien voor kuilgras was ook niet echt bevorderlijk omdat de eerste oogst plaatsvindt in mei, wanneer de bloemen nog geen zaden hebben en zoogdieren en vogels die grondnesten bouwen hun jongen nog aan het grootbrengen zijn. Sommige diersoorten zijn uitgestorven. Ik heb geen kwartelkoning meer gezien sinds ik in de jaren zeventig een keer per ongeluk bijna op zo'n vogel stapte toen ik voor de lol met een luchtbuks op ratten aan het schieten was. De vogel is uitgestorven in Engeland en staat symbool voor de onvoorstelbare schade die we hebben aangericht aan het Britse landschap en aan ons natuurlijk erfgoed door onze drang om zo veel mogelijk voedsel te produceren op ons dichtbevolkte kleine eiland.

Veel planten in een traditioneel weiland, waar pas laat werd gehooid en dat daarna werd begraasd door een beperkte hoeveelheid vee, waren niet direct van belang voor de landbouw, maar zorgden wel voor de instandhouding van het evenwicht van voedingsstoffen en voorzagen de wilde dieren van voedsel. En maakten ze de weilanden in Groot-Brittannië ook niet bijzonder? Zagen de geuniformeerde mannen aan de Somme of in de jungle van Birma geen weiden met wilde bloemen, *cottages* en glooiende heuvels voor zich wanneer ze aan hun moederland dachten?

Het Engelse woord voor weideland, *meadow*, heeft een verbazingwekkend precieze betekenis en stamt af van het Oud-Engelse woord *mœdwe*, dat verwant was aan *māwan* – maaien. Een *meadow* is een plek waar gras en bloemen groeien waarvan hooi wordt gemaakt, het droge wintervoedsel voor vee. Een weiland is geen natuurlijke habitat, maar een samenwerkingsverband tussen natuur, mens en dier. In het beste geval is het ook een evenwicht, een artistieke creatie.

9 januari. Er valt nog meer sneeuw en er staat een westenwind, die de sneeuw in alle mogelijke gaten blaast – het lijkt alsof een witte vloedgolf over het veld is gespoeld en zich heeft teruggetrokken. De paar armetierige, verschrompelde aren van de distels die nog uit de sneeuw steken verbreken de illusie.

De schapen klauwen naar het glinsterende schouwspel om bij het gras te komen en blijven urenlang bij de ruif rondhangen. De Shetlands knagen aan dikke twijgen van de klimop in de heg, helemaal tot het witte merg, en laten de schors oranje kleuren aan de randen. Ze hebben zich ook vergrepen aan de bladeren van het braambos, een loofplant met een verbazingwekkende neiging om altijd groen te blijven. De temperatuur daalt 's nachts tot min zeven en er ontstaat een laag ijs op de trage stukken van de Escley. Ik kijk hoe het ijs groeit, een kruipende schimmelinvasie. Het water in de poel is spiegelglas van ongeveer tweeënhalve centimeter dik. Het kreunt, kraakt en protesteert, maar houdt mijn gewicht.

Bij de sloot in de buurt van het bosje zie ik de brede pootafdrukken van de das en sporen op de plekken waar zijn borstelige vacht over het oppervlak van de sneeuw heeft geveegd. Op de oever achter de sloot bevindt zich een klein konijnenhol – de konijnen grazen gewoonlijk in Grove Field (het 'veld met het bosje') en gebruiken de tunnels aan onze kant als ontsnappingsroute. Vanochtend hebben ze een bezoek aan het veld gebracht en zitten graven om bij het gras onder de beschutte kant van de heg in Marsh Field (het 'moerassige veld') te komen. De wetenschappelijke naam van het konijn is *Oryctolagus cuniculus*, de 'gravende haas'. Maar er ligt een flinke laag sneeuw en de grond is keihard. Ze zijn ook op hun achterpoten gaan staan om aan de schors van de hazelaar te knagen.

De kinderen zitten op school. De schapen zijn zo terneergeslagen door de kou dat ze niet eens de moeite nemen om te blaten. Alleen het geknars van mijn voeten in de sneeuw verstoort de stilte. Zelfs de rivier is rustig.

Ooit was dit land zee en zwommen er vissen in het weiland. Het weiland lag toen ten zuiden van de evenaar. Aan het begin van het Devoon, ongeveer 425 miljoen jaar geleden, was de plek waar ik nu sta een ondiepe tropische riviermonding. In de bedding wemelde het van de primitieve vissen en schaaldieren – *Acanthodii*, *Eurypterida*, *Cephalaspidomorphi*, *Pteraspidomorphi* en meer van dergelijke wetenschappelijke soorten. Ik weet precies wat er om mijn voeten zou hebben gezwommen omdat er nog geen kilometer verder stroomopwaarts bij een oude groeve bij een boerderij, Wayne Herbert, honderden fossielen zijn opgegraven uit het groene siltsteen, waaronder een van een vroege lamprei, die de prachtige naam *Errivaspis waynensis* heeft gekregen ter ere van zijn vindplaats. Dezelfde groene laag siltsteen waarin *Errivaspis waynensis* is ontdekt, loopt onder het veld, waarvan de geologie makkelijk valt te determineren: de rivier heeft de zijkant van het veld weggesleten en daarom is een handige dwarsdoorsnede te zien. Er is natuurlijk een goede reden waarom hooilanden zich gewoonlijk bij rivieren bevinden: als je sappig en dik gras wilt, heb je veel water nodig. De rivier komt graag aan die wens tegemoet door zijn schat in de diepten van de bodem van het veld door triljoenen onderaardse haarvaten te laten sijpelen.

Wanneer ik in de rivier sta en naar de oever kijk, zie ik 450 miljoen jaar geologische geschiedenis, met de horizontale groene lagen van siltsteen onderop. Ik ben de hele dag bezig met een beitel en een hamer en krijg het daar, zelfs midden in de winter, warm van.

Ergens halverwege de middag, wanneer er een straal zonlicht

door de takken van de eik op de groene plak valt, vind ik wat ik zocht. Een fragment van gefossiliseerde vissenschubben, vrijwel zeker van een *Acanthodii*. Deze gewervelde van ongeveer dertig centimeter had schubben met kenmerkende versieringen en was de eerste vis met kaken, de directe voorouder van de forellen, modderkruipers en rivierdonderpadden die vandaag de dag in de rivier leven. En van de nieuwsgierige witvissen die mijn laarzen in het heldere water aan een onderzoek onderwerpen.

Tijdens een rit naar Hereford neem ik de binnendoorweg omdat ik een verkeersopstopping hoop te vermijden. (Wat een idee.) Het is hier niet echt dichtbevolkt, maar ik tel op zijn minst vijf huizen waar de bewoners hun wegberm hebben gemaaid en nog maar een centimeter van het groen hebben overgelaten. Inwendig vaar ik uit tegen de kleinburgerlijkheid van een dergelijke esthetiek (waarom verhuis je naar het platteland als je het in Blossom Avenue van Hyacinth Bucket uit *Keeping Up Appearances* wilt veranderen?) en begin ik ook aan een iets nobeler klaagzang over deze ecologische holocaust. Wegbermen zijn vaak overblijfselen van oud weideland – en in sommige gebieden zelfs de enige overblijfselen van het vroegere weideland. Ze zijn rijk aan flora en een toevluchtsoord voor wilde dieren. Boven een niet-gemaaid grasveld bij Wormelow bidt een roestkleurige torenvalk.

11 januari. De striemende sneeuw geselt de grond. De maand januari is echter zo veranderlijk dat de wind opeens gaat liggen en de zon door de wolken breekt. Muggen dansen in zuilen van licht. Mijn trouwste metgezellen in het veld, de graspiepers, fladderen rond. Ik dans niet – het heeft merkwaardig genoeg iets ongezonds, zacht weer in januari.

Halverwege de middag begint de sneeuw snel te smelten. De grond onder het gras is al verzadigd.

Volgens een bulletin uit 1964 van de *Soil Survey of Great Britain* van de Agricultural Research Council is de geologie van het veld 'devonisch mergel met lagen fijne zandsteen en, zeer plaatselijk, een dunne laag morene'. Ik steek mijn vingers door het modderige gras, por in de aarde en pak een handvol van dit devonische mergel. Mijn handen, en ook de mensen die de grond van Herefordshire bewerken, vinden dit dikke, rode, koude klei. Wanneer ik het kneed en er een bal van draai, kan ik er een stevige aardbol van maken.

De natuur verafschuwt eenvoudige classificaties. Strikt genomen is het veld 'neutraal' onbebouwd grasland, wat betekent dat de kleigrond, met een pH van ongeveer 7, niet echt zuur noch alkalisch is – maar delen van het veld neigen naar zuur – pH tussen 4,9 en 5,4. Voor de amateurbotanicus zoals ik betekent het dat het veld een voedingsbodem biedt voor zuurminnende planten zoals de veldzuring. Ik houd van veldzuring, met zijn wazige rode pluimen in de zomer en zijn pijlvormige bladeren vol mineralen en vitaminen voor mens en dier.

Water loopt niet gemakkelijk weg in deze devonische mergel, die neutraal is, maar naar zuur neigt.

De volgende dag staat er in een groot deel van het veld een laag water van ongeveer tweeënhalve centimeter en moet ik de schapen tijdelijk weghalen. Water sijpelt in een ononderbroken stroom naar de rivier. De aarde zuigt aan mijn voeten, waardoor mijn pas stram en onzeker is.

14 januari. De Escley treedt 's nachts buiten zijn oevers en stroomt over het lage deel van de landtong. Wanneer ik er rond het middaguur naartoe ga, is het water al weggetrokken en is er een rampzalig tapijt van gebroken takken, stammen en twijgen achterge-

bleven. In het bosje zie ik dat de overstroming het vossenhol maar net heeft gemist.

Het waterpeil van de Escley is misschien gezakt, maar de rivier kolkt nog steeds met de razernij van een woeste zee.

Late avond in het veld: doordat het ongekend warm en nat is voor de tijd van het jaar zijn de regenwormen naar de oppervlakte gekomen, maar ze verdrinken allemaal in de plassen om daar stuk voor stuk een zwijgende witte s te vormen. In de gewijde schemering zie ik een voorttrippelende vos die talloze wormen opslurpt. De vos en de vernieuwende natuurschrijver Gilbert White zouden het helemaal met elkaar eens zijn over de regenworm: 'Hij lijkt misschien een kleine en minderwaardige schakel in de keten van de natuur, maar zou een jammerlijk gat achterlaten wanneer hij verloren zou gaan. Wormen lijken de grote dienaren van de vegetatie, die zonder hen maar moeizaam tot bloei zou komen.'

Regenwormen zijn over het algemeen niet erg actief in de winter en laten het bewerken van de aarde over aan de wormen *Allolobophora nocturna* en *Allolobophora longa*. (En je dacht nog wel dat alle wormen hetzelfde waren.) In de tussentijd vind ik troost bij het oude gezegde:

Het gras dat in januari groeit,
Groeit de rest van het jaar niet meer.

15 januari. Snoopy, onze minuscule driekleurige jack russell, keft naar iets onder de boswilg, waarvan de takken antennes in de neerdalende mist zijn. Wanneer ik bij de hond kom, zit zijn neus onder het bloed, dat ook op zijn chippendale voorpoten druppelt. Hij heeft het voorzien op een egel, die blijkbaar in de war is door het warme weer en uit zijn winterslaap is ontwaakt. Dit speldenkussen van de natuur ligt nu als een bal opgerold op de smerige bladeren en verraadt alleen met een lichte ademreflex dat hij nog in leven is.

Een of andere domme impuls zet me ertoe aan om de stekels van de egel aan te raken en na te gaan hoe scherp ze zijn. De welbekende stekels, alle vijfduizend stuks, kunnen wel tweeënhalve centimeter lang worden. Ik zit gehurkt en verlies mijn evenwicht, waardoor ik iets harder duw dan de bedoeling was. Een stekel verdwijnt onder mijn nagel. Nu bloedt niet alleen de hond, maar ook ik, en we trekken ons terug. Het verdedigingswerk van de egel houdt de meeste roofdieren, en ook mij, op afstand. Dassen rollen de egel echter open en eten hem van binnenuit op om de vacht vervolgens te laten liggen alsof het alleen maar verpakking was.

Achter me brult de rivier met de overgave van het publiek bij een voetbalwedstrijd.

17 januari. Het oude Driekoningen. Ik zwicht voor een slecht geval van traditie en geef me over aan *wassailing*. Het Engelse woord *wassail* is afgeleid van het Middelengelse *waes hael*, goede gezondheid. Bij 'sociaal wassailen' ga je met de buren drinken. In de ciderproducerende graafschappen in het westen van Engeland doet men ook aan wassailen in de boomgaard, waarbij de appelbomen worden gewekt en met stokken geslagen, een stuk brood in de takken wordt gelegd en cider bij de wortels wordt gesprenkeld. Dit alles om voor het komende jaar een goede oogst af te smeken. In het ideale geval zingt men ook nog een wassaillied. Zoiets als:

> Wassail, wassail de bomen,
> Dat er een goede oogst van moge komen.

Het woord 'wassail' is misschien via het Oud-noords in het Middelengels terechtgekomen, maar het gebruik is waarschijnlijk veel ouder, voorchristelijk, zelfs een reliek van het offer aan Pomona, de Romeinse godin van het fruit. Wassailen was een belangrijk gebruik in Herefordshire. *The Gentleman's Magazine* schreef in februari 1791:

> In Herefordshire komen de boeren, hun vrienden en de knechten bij het vallen van de avond bijeen om vervolgens rond zes uur naar een veld te lopen. [...] Op het hoogste punt worden twaalf kleine vuren en een groot vuur aangestoken. De deelnemers, die worden aangevoerd door de meester van de familie, toosten op het gezelschap met oude cider, die bij deze gelegenheden vrijelijk rondgaat. Om het grote vuur wordt een kring gevormd, en vervolgens klinkt er opeens algeheel geschreeuw of gejoel, dat vanuit alle aangrenzende dorpen en velden beantwoord wordt. Soms zijn er vijftig of zestig van dergelijke vuren tegelijkertijd te zien.

De vuren stellen de Heer en Zijn apostelen voor.

Penny en de kinderen hebben het om een of andere reden te druk om te wassailen, en daarom doe ik het in mijn eentje met een stuk brood, een fles Westons, het jachtgeweer en mijn zwarte labrador, Edith.

In de vallende duisternis breng ik met het brood en de cider een toost uit op de twee oude appelbomen bij de rivier in Bank Field. Daarna schiet ik als een vandaal met het jachtgeweer op de vage boomtoppen om de geesten te verjagen.

Als het dubbelloopsjachtgeweer de kwade aura's niet weet af te schrikken, weet ik het ook niet meer.

De oude gebruiken lijken veel minder krankzinnig in een eeuwenoud landschap waar nauwelijks een elektrisch licht te zien is en waar je de eeuwige vrede van de nacht bijna met je handen kunt omvatten. In deze voorlopers van de Black Mountains heeft meer dan de helft van de boerderijen een historische voetafdruk en zijn de kleine omhegde velden het gevolg van de ontbossing in de Middeleeuwen. Dit veld bijvoorbeeld, en het hooiland ook.

18 januari. Het is geniepig weer. Wanneer je achter het raam zit, lijkt het bewolkt, nat, niks bijzonders. Ik heb de schapen weer in het veld gelaten. Pas wanneer ik ongeveer halverwege het veld ben om ze de plastic bak met liksteen te brengen, voel ik het mes dat door mijn jas snijdt en mijn hele wezen probeert uit te benen. Mijn handen (ik ben zo stom dat ik niet weet waar ik mijn handschoenen en mijn reservehandschoenen heb gelaten) zijn de bobbels van bramen. Ik loop langs een koolmees, die met wazige, troosteloze ogen voor zich uit kijkt en zich heeft verscholen op het slappe gras onder de heg langs Marsh Field, die kaal en nutteloos is en geen enkele beschutting biedt. De winter begint zijn tol te eisen. Ik besluit de vogel op de terugweg mee te nemen om hem te voeren en op temperatuur te laten komen.

Het regent niet, maar toch houwt de wind regeldruppels uit mijn ogen, en daarom is alles wazig, vervormd, onderwaterachtig. Tegen de tijd dat ik de emmer met liksteen heb neergezet en terug ben bij de koolmees, is hij dood. Ik houd hem in mijn gevoelloze vuist – hij weegt bijna niets. De witte vlekken onder zijn ogen lijken wel cartooneske tranen.

Er is een soort leven in de dood. Het platteland is schoongeveegd door de winden, sneeuwbuien en overstromingen van de winter, zodat alles nu klaar is voor een nieuw begin. De laatste eikenbladeren zijn gevallen, de bomen en heggen zijn röntgenfoto's van hun vroegere ik en de twee nesten van de grijze eekhoorns, een in de hazelaar in het bosje en een in de geknotte eik in de heg bij Marsh Field, zijn vlekken in het netwerk van de takken. Een zwerm spreeuwen scheert in een soort vogelachtige wave over de velden. Op deze barre, uitgemergelde dag, wanneer het enige andere geluid het meedogenloze gemiauw van een rondcirkelende buizerd is, stel ik hun gezelschap wel op prijs.

De sneeuw is nog niet klaar met ons. De hele nacht dwarrelen de vlokken neer, zodat er 's middags, wanneer de wind het oppervlak laat rimpelen en de fluwelige konijnenneuzen van de knoppen van de es de enige zachte dingen in het veld lijken, een laag van ongeveer acht centimeter ligt. Langs de rand van de sloot in Grove Field zie ik de pootafdrukken van een springende wezel of een hermelijn, daarna de sporen van een geagiteerde galop, een gevecht, opvallende bloedvlekken, daarna de brede sleepsporen waar het lichaam van het konijn naar de heg is gesleurd.

Er is niet veel verschil tussen de pootafdrukken van de wezel en die van de hermelijn. Vanwege de lange passen houd ik het uiteindelijk op een hermelijn omdat de hermelijn de grootste van deze twee verwanten uit de familie der *Mustelidae* is.

's Middags zit ik een uur lang op een lege plastic suikerbietenzak in de hoek van het veld op de plek waar de rij hazelaars gaten vertoont. De dropachtige geur van de bietenresten is merkwaardig geruststellend. Ik zit zo ingespannen naar de plaats delict aan de overkant van het veld te staren dat ik aanvankelijk niet zie dat de hermelijn aan mijn linkerhand op een afstand van ongeveer vijf meter naar me zit te kijken. Het is inderdaad een hermelijn – wezels worden niet wit in de winter. Het is wel een vlekkerig soort wit, met een bruine vlek op de flank en schouder.

Ik ben de eerste die met zijn ogen knippert en de hermelijn springt weg, waarbij hij kleine sneeuwstormen doet opdwarrelen.

In het bosje zingt een roodborstje uit volle borst. Er is ook een winterkoninkje, dat niet groter is dan een mot en druk bezig is in de afgevallen bladeren in de heg naast me. Winterkoninkjes zingen niet midden in de winter, wanneer ze het te druk hebben met foerageren.

De mist daalt neer en wist de hele wereld achter het veld uit. Het veld is een eiland.

We zijn ingesneeuwd. Ik moet het pad sneeuwvrij maken met een schoep aan de voorlader van de tractor als ik van het pad bij de boerderij bij de weg wil komen.

Ik breng het hooi en de suikerbietenpulp weer met de slee naar de schapen – om hun troggen en ruiven hebben ze de sneeuw in de modder gestampt. Een dankbare merel onderwerpt de blootgelegde aarde aan een onderzoek en huismussen zoeken op de bodem van de overdekte trog naar de overblijfselen van graszaden en stukken biet.

Een andere merel pikt in de bol van maretakken die in de hazelaars bij het hek hangt; de meeste lijsters van de boerderij hebben zich samen met de overwinterende koperwieken en kramsvogels teruggetrokken voor de westenwind en zijn naar de dorpen en de laaglanden gevlucht. Door zijn zeewierachtige bladeren lijkt het net alsof de maretak is aangespoeld met een onzichtbare oceanische vloedgolf.

's Nachts keft een vos aan de andere kant van de rivier naar de maan. Ik kan de verleiding niet weerstaan om ook met de slee van de heuvel te gaan; de sporen van de slee zijn de enige smet in het maanlicht.

21 januari. Edward Thomas is een van mijn lievelingsdichters. 'Adlestrop' is zelfs een van de twee gedichten die ik uit mijn hoofd ken. (Het andere is 'Masque of Anarchy' van Shelley, dat ik in een opstandige punkfase in mijn tienerjaren uit mijn hoofd heb geleerd.) Toen Robert Frost hem vroeg waarom hij, op zijn vijfendertigste, als soldaat in de Eerste Wereldoorlog ging vechten, knielde Edward Thomas en kuste hij de Engelse grond. 'Letterlijk hiervoor,' zei hij. Ik zou hetzelfde doen als het me werd gevraagd. Thomas meende dat het Engelse platteland het mooiste geschenk was dat hij zijn kinderen kon geven. In zijn 'Household Poems' beschreef hij zijn nalatenschap voor zijn zoon Merfyn:

Als dit platteland het mijne was
Zover een man kan rijden,
En ik de Tyes weg kon geven of af kon staan, –
Wingle Tye en Margaretting
Tye, – en Skreens, Gooshays en Cockerells,
Shellow, Rochetts, Bandish en Pickerells,
Martins, Lambkins en Lillyputs,
Hun bosjes, poeltjes, wegen en voren,
Velden waar ploegpaarden dampen en plevieren
Rennen en fluiten, hagen waar minnaars
Beminnen, en boomgaarden, struikgewas, muren
Waarop de zon valt, ongehinderd door de noordenwind,
En de losse bomen waar de lijster zo mooi
Zijn onvertaalbare spreuken zingt,
Gaf ik dit alles aan mijn zoon,
Als hij er mij maar één af zou staan
Voor een lied, het lied van een merel, in de dageraad.
[...]
En als ik de huur dan kon voldoen met een lied
Zo lieflijk als dat van een merel, en zolang –
Slechts dit – niet ik het huis heb, maar hij:
Zouden Margaretting of Wingle Tye,
Of misschien Skreens, Gooshays of Cockerells,
Shellow, Rochetts, Bandish of Pickerells,
Martins, Lambkins of Lillyputs,
Van hem moeten zijn zolang de wagensporen nog voren hebben.

Namen van velden kunnen zelden met dorpsnamen wedijveren qua romantiek (Wingle Tye!, Margaretting!) en ontstijgen zelden het niveau van het ultraprozaïsche. We noemden het weiland altijd Copse Field of Finger Field (het veld bij het bosje of het veld bij de landtong), maar toen we er net waren komen wonen, vertelden de buren dat het eigenlijk Bottom Field heette. Op deze druilerige dag zoek ik gegevens op in de bibliotheek van Hereford, waar een stel toegewijde en ijverige amateurhistorici een lijst met namen van de plaatselijke velden heeft aangelegd. Ik ben zo'n beetje de enige die tussen de boeken staat – bijna iedereen die jonger is dan veertig zit achter een computer – en vind de historische, officiële naam van het veld in de tiendenbeschrijving van 1840. Lower Meadow. Dit is naast Bank Field. Velden in de buurt heten onder meer Big Field, Sheep Shed Field, Long Pasture, Cow Pasture, Eight Acres, Field Down the Road, Far Field, Big Meadow en Flat Field.

Veldnamen zijn niet de enige ongeïnspireerde omschrijvingen op het Engelse platteland. De namen van boerderijen zijn vaak ook nogal prozaïsch, zoals duidelijk wordt uit dezelfde bron. Het dieptepunt is een boerderij die iets meer dan zes kilometer verderop ligt: Farmhouse Farm.

De tiendenbeschrijving werd uitgevoerd nadat de wet op de afkoop van tienden en grondrechten van 1836 werd aangenomen. Deze wet was opgesteld om de financiële bijdragen aan parochiepriesters te stroomlijnen omdat het hele systeem rond die tijd dreigde te bezwijken onder de warrigheid en ontduiking. In de wet, die was gebaseerd op de hoeveelheid land die mensen bezaten, werd de praktijk waarbij de tienden in klinkende munt werden voldaan (de 'afkoop' van tienden), in plaats van in dieren en gewassen, formeel gecodificeerd. Het systeem kon pas in werking treden nadat er kaarten waren gemaakt en alle landeigenaren en de hoeveelheid land die ze bezaten waren geïnventariseerd. Wanneer ik naar de kaarten kijk realiseer ik me echter dat de namen van de velden een soort monument zijn. Een naam die het woord *Stubbs* of *Stocking* bevat, duidt op een veld dat ooit ontbost is; *Butts* is waarschijnlijk de plek waar de plaatselijke bevolking in de Middeleeuwen oefende met boogschieten, en *Walk* wijst op een land waar vroeger meestal schapen graasden (het 'lopen' van schapen).

In de veldnamen komt ook het dialect van Herefordshire terug: een *Tumpy* is een hobbelig of steil veld, want *tump* is het plaatselijke woord voor een heuvel. En was Sour Meadow, 'zuur weiland', dan een plek waar je je vee beter niet kon laten grazen? Je kunt ook de vroegere indeling van het dorp aan de namen aflezen: *Butcher's Shop* lag naast het plaatselijke slachthuis, dat allang verdwenen is.

Een naam op de tiendenkaart staart me aan met de gezichtsuitdrukking van een grafsteen: Cuckoo Patch. Er zijn nu nauwelijks meer koekoeken in de vallei.

Mensen moesten de namen van velden kennen, want dat was de plek waar ze werkten. Kinderen en vrouwen moesten weten waar ze de *elevenses* en *fourses* van hun man moesten brengen, hun elfuurtje en hun vieruurtje, hun cider of thee, hun brood en kaas.

Het regent nog steeds en daarom blijf ik in de warme bibliotheek en snuffel ik langs de planken met boeken over de lokale geschiedenis, waar ik een reproductie vind van de militiabijdragen die de dorpsbewoners in 1664 moesten betalen. (De bijdragen waren een vorm van belastingheffing.) Ergens halverwege de pagina staat ene Sam Landon, die belasting diende te betalen over een inkomen van zes pond.

De boerderij heeft zijn naam, Trelandon – Welsh voor 'het huis van de familie Landon' – ontleend aan Sam Landon. Hij huurde van de mede-erfgenamen van 'Ye Lorde Hopton' – de Hoptons zouden de boerderij nog honderd jaar bezitten en hem vervolgens verkopen aan de markies van Abergavenny. De familie van de markies had de boerderij tot 1921 in haar bezit en verkocht haar toen, net als veel grootgrondbezitters in de nasleep van de Grote Oorlog. Tussen 1918 en 1922 wisselde een kwart van het land in Groot-Brittannië van eigenaar, waaronder ook Lower Meadow. Het was een verkoop van land die ongekend was sinds de ontbinding van de kloosters onder Hendrik de Achtste.

Toen Sam Landon de boerderij overnam, bracht hij een eigentijds idee in de praktijk door op zijn land te gaan wonen. Voor die tijd was het gebruikelijk dat iedereen die op het land werkte, zowel knechten als boeren, in het dorp woonde en naar zijn werk liep. Er was niets vreemds aan de middeleeuwse dorpen in Herefordshire die grotendeels bestonden uit groepjes bouwvallige hutten van takken en klei, waarin de boerenkinkels zo nodig vlierhout moesten verbranden om zich vervolgens af te vragen waarom ze 's nachts het loodje legden. (Bij verbranding komt er cyanide vrij uit vlierhout.) In deze dalen onder de Black Mountains was de boerenbevolking zo arm dat een plaatselijke zeventiende-eeuwse edelman, Rowland Vaughan, beweerde dat ze 'de plek met de grootste overvloed aan armen in het Koninkrijk waren. [...] Ik heb wel eens tegelijkertijd driehonderd arenlezers in het graanveld van een edelman gezien'. Mensen die straatarm waren verzamelden ('lazen') de overgebleven aren op de akker.

Vermoedelijk was Sam Landon blij dat hij de krioelende menigte achter zich kon laten om op een afgelegen plek zijn eigen huis te bouwen. Hij was in elk geval een man met ideeën. Aan de hand van Hoopers regel om de ouderdom van heggen te bepalen (ouderdom = aantal soorten binnen een stuk van 27,5 meter x 110 + 30) schat ik dat de heg aan de westkant van Lower Meadow driehonderdvijftig jaar oud is. Deze heg vormde de afscheiding tussen Lower Meadow en het drassige land daarboven – de sloot die tegelijkertijd is gegraven zorgde voor de afwatering van het lagergelegen stuk land. Bovendien kon Landon, door Lower Meadow af te scheiden, voorkomen dat het vee in het voorjaar en de zomer in dit betere, drogere land graasde.

Hij veranderde een veld in een echt hooiland.

Wanneer je in vergeten documenten snuffelt, loop je natuurlijk hetzelfde risico als wanneer je iemands dagboek leest: misschien ontdek je iets wat je helemaal niet had willen weten. Ik blader door een boek over Herefordshire en ontdek dat de gemiddelde neerslag in deze streek in het uiterste westen van Engeland tussen de vijfenzeventig centimeter en een meter per jaar is. Vermakelijk genoeg staat op dezelfde plank ook een geschiedenis van de school die mijn grootvader van vaderskant heeft bezocht en die zich precies op de grens van Engeland en Wales bevindt. In de achttiende eeuw probeerde deze instelling leerlingen uit Londen over te halen Latijn en Grieks te leren in het gematigde, gezonde klimaat van de grensstreek in Herefordshire.

Ik moet bijna hardop lachen.

Het stortregent nog steeds en de bibliotheek gaat zo sluiten. Voordat ik naar huis ga, trek ik mijn waxcoat aan en doe ik iedere rits en knoop goed dicht. Zo loop ik naar Lower Meadow, mijn schouder een boeg in de regen. De ondergrond van het veld is alweer verzadigd, zodat er meer dan een centimeter water op het oppervlak staat. Het is donker zoals het alleen in januari 's avonds in een regenachtig, onverlicht dal in het midden van nergens donker kan zijn. Ondoordringbaar, kelderachtig donker. Ik kan het water op het oppervlak van de aarde niet zien. Ik weet hoe hoog het water staat door het geklots van mijn rubberlaarzen.

24 januari. Geen vogel hoort minder bij het weideland dan de ijsvogel: in vijf jaar heb ik hem nooit zien afwijken van zijn vaste route boven de bedding van de rivier, zijn enige routeplanner. Maar hij vliegt vaak aan de rand van het veld en duikt dan op in mijn blikveld, een neonblauwe vonk die een langzaam wegstervende, iriserende flits in de lucht achterlaat. Een radioactief deeltje dat vervalt.

Nu komt de ijsvogel eraan in zijn volmaakt horizontale vlucht, zwevend tussen de rivier en de lucht.

Deze vogel is de Halcyon van Alkyone uit de mythologie, die zijn eieren op de bodem van de oceaan zou leggen, een handeling waardoor de zee tot rust zou komen. Vandaar de Engelse uitdrukking 'halcyon days', een periode van kalmte. Volgens sommige mensen kon de ijsvogel het weer voorspellen en ook beïnvloeden; een dode ijsvogel die aan zijn kop werd opgehangen, zou zijn snavel naar de wind draaien, als een veelkleurige windhaan.

Een veld is niet alleen een visueel maar ook een muzikaal panorama. Het 'ziep, ziep' van de ijsvogel levert incidenteel een auditieve bijdrage aan de rand van mijn bewustzijn.

Ik sta op de landtong, waar de stammen van de elzen zijn bedekt met een laag fluweelpootjes. *Flammulina velutipes* is een van de weinige paddenstoelen die in de winter groeit. Hij is ook eetbaar. In Japan is het de gewaardeerde delicatesse *enokitake*. Alleen de judasoren op de vlierbomen die een armlengte verderop in het veld staan, kunnen met de fluweelpootjes wedijveren op het vlak van wintervastheid.

26 januari. Ik ben er niet wanneer Roy Phillips, de klusjesman, de heggen van de boerderij komt snoeien met een klepelmaaier die aan zijn Ford County-tractor is bevestigd. Heggen moeten eigenlijk worden 'gelegd', met de hand ingehakt of ingezaagd en vervolgens gevlochten, maar dat is een van die tijdrovende bezigheden die helemaal onder aan een eindeloze lijst staan. Lower Meadow is zo drassig dat Roy niet overal kon komen met de tractor. Er is slechts anderhalve heg gesnoeid, waardoor het veld een slordige, onaffe indruk maakt. De gesnoeide heggen zijn kaal en hoekig. Helemaal kaalgeschoren. De struiken lijken alleen nog aan elkaar te hangen door de serpentines van klimop. In de nietgesnoeide heggen poseren de hangende pootjes van elzenkatjes en trossen van dikke klimopbessen zwierig naast elkaar. Maar door de bedwelmende meloengeur van de gesnoeide heggen zijn ze aangenaam voor de neus.

Er is een avondlucht die de herder zou behagen. Het condensspoor van een microscopisch vliegtuig vangt het rode licht op, waardoor het lijkt alsof het vliegtuig door vlammen wordt aangedreven.

27 januari. In de heg langs het pad bij de boerderij zijn sneeuwklokjes en bosbingelkruid uitgekomen. Het is te merken dat de dagen lichter en langer worden.

Ik loop naar het bosje. In het midden, tussen de sombere bomen, bevindt zich het vossenhol, dat nu duidelijk wordt gerenoveerd, en er zijn tekenen die erop wijzen dat er is gegraven in de buurt van de modderige hoofdingang. Er liggen overblijfselen van dode dieren (konijn, zanglijster), en bovendien is er dat onvergetelijke bewijs dat hier vossen wonen: een zure, indringende geur die je bij de ingang van het hol ruikt.

Rond deze tijd hebben de vossen waarschijnlijk al gepaard. Wanneer we uitgaan van een geslaagde bevruchting zal de moervos aan een draagtijd van ongeveer tweeënvijftig dagen beginnen. Rode vossen hebben de kortste draagtijd van alle leden van de hondenfamilie.

Op de grond van het natte bosje ligt een dode pimpelmees, een verrassende gekleurde vlek tussen de donkere bladeren. Ik betwijfel of de vos, zoals de folklore wil, de pimpelmees heeft gehypnotiseerd en uit zijn boom heeft gelokt. De poolwind en de onophoudelijke regen hebben al een groot aantal vogels gedood.

Een lage winterzon flitst door de gesnoeide hazelaars.

Februari

Kauw

Maria-Lichtmis, 2 februari. Ochtend. Een ontmoedigende mist die als zweet aan mijn gezicht blijft plakken. Aan de andere kant van het veld brengt een onzichtbare raaf gedachteloos een metronoom van gekras voort. Ze zit nu al een week onbeweeglijk op haar eieren in de driehoek van zilversparren aan de overkant van het kalme riviertje. De raaf is een bijzonder vroege broedvogel. Misschien klaagt ze over het huishouden van de dassen. Ze houden een grote schoonmaak in de burcht en hebben hele ladingen bedompte, stinkende mos onder haar boom gedumpt.

De dauw, die gevangen zit in de webben van talloze hangmatspinnen, heeft het veld in piepkleine zijden zakdoekjes gewikkeld, kabouterzakdoeken die op het grasveld zijn gegooid. In elk geval op de plekken waar de Ryeland-ooien niet rücksichtslos het gras hebben gemaaid.

De dertig Ryelands die zich in de witte stilte voor me hebben verspreid zijn de directe afstammelingen van de schapen die aan het begin van de vijftiende eeuw in het weiland liepen. In tegenstelling tot de primitieve schapen die het Engelse landschap tot de Middeleeuwen overheersten, waren – zijn – Ryelands systematische grazers van gras en geen halfgeiten die zich ook aan bomen en struiken vergrijpen. Door hun weinig kieskeurige eetgedrag beteugelen Ryelands de vruchtbaarder grassoorten en stellen ze de kwetsbare grassen en bloemen in staat om te overleven en te bloeien. Een van de redenen waarom Engelse weilanden, zoals Lower Meadow, een zo grote verscheidenheid aan grassoorten en bloemen kennen, is het Ryeland-schaap. In Lower Meadow staan alleen al de grassoorten timoteegras, beemdlangbloem, kropaar, grote vossenstaart, veldbies, gewoon reukgras, ruwe smele, kamgras en beemdgras. In de eenentwintigste eeuw is dit een aardige selectie uit de grassenfamilie, de *Gramineae*. In Groot-Brittannië groeien echter honderdvijftig geslachten in het wild.

De dertig ooien zijn zich niet bewust van mijn plannen wat betreft de diversiteit. Ze hebben veel gegeten omdat ze lammeren verwachten. Ze stralen een bezadigde vruchtbaarheid uit, die op geen enkele manier teniet wordt gedaan door de dauw die zwaar op hun vacht ligt. Een schaap zet zich schrap en schudt haar albasten romp uit zodat het water eraf spettert in een korte abdominale stralenkrans.

In de loop der jaren hebben we op dit soort ochtenden veel naar elkaar gekeken, de Ryeland-schapen en mijn familie en ik, omdat de Ryelands en ik de laatste loten zijn van dynastieën die al heel lang banden met elkaar onderhouden. De familie van de moeder van mijn moeder, de Parry's, waren de feodale rentmeesters van Ewyas Lacy – zoals dit dal vroeger werd genoemd – en hebben bijgedragen aan de ontwikkeling van het ras. Vijfhonderd jaar geleden graasden er ook al Ryelands van de Parry's in deze weilanden onder de Black Mountains. En ik stel me graag voor dat Elizabeth I de kousen van fijne, witte Ryeland-wol waarvan de koningin zo gecharmeerd was dat ze in het vervolg geen ander materiaal aan haar maagdelijke benen wilde, van mijn nicht Blanche Parry had gekregen. Blanche Parry was zesenvijftig jaar bij Elizabeth in dienst als hofdame. Maar in wezen zou elke Parry aan het hof de aanleiding kunnen zijn geweest voor de fabel van het witte vlies: er was dokter Henry Parry, de kapelaan van Elizabeth, James Parry, haar hofjager, Sir Thomas, haar thesaurier, John Parry, haar Clerk of the Green Cloth, die onder meer de koninklijke reizen organiseerde, Frances, haar kamenierster, Katherine, haar hofdame, Lady Troy, een van haar andere hofdames, of misschien Catherine, haar dame du palais. Of misschien was het de achterneef van Blanche, de al eerder genoemde Rowland Vaughan, nog een hoveling, of haar neef John Dee, de astroloog van de koningin. Of misschien was het de beroemdste neef van Blanche, Lord Burghley, de belangrijkste adviseur van Elizabeth, wiens landhuis, Allt-yr-Ynys, zich nog altijd in het dal van Ewyas Lacy bevindt.

Je krijgt de indruk dat de Parry's het elizabethaanse hof wel zo'n beetje in de houdgreep hadden.

De Parry's waren echter meer dan een stel koninklijke hielenlikkers. Ze waren onderdeel van een historisch fenomeen, de verandering van de schapenhouderij in de tijd van de Tudors, dat zich niet in de laatste plaats voordeed omdat het iemand was opgevallen dat grasland dat door schapen werd bemest zijn vruchtbaarheid behield.

Ik tel de schapen. Ze zijn allemaal aanwezig en in orde, en nu is het tijd om te gaan.

Maria-Lichtmis, 2 februari, is de dag waarop volgens een oeroude gewoonte het hooiland wordt 'gestopt' of 'afgesloten', de dag waarop al het vee wordt weggehaald.

De hoopvolle Ryelands hoeven niet door een hond uit het weiland te worden verjaagd. Nadat ik schaapachtig 'Schapen!' heb geroepen, volgen ze me op de voet. Pavlov zou juichen in zijn graf. De schapen weten dat ze te eten krijgen wanneer ik ze bij hun soortnaam roep. Ik neem ze niet in de maling. Wanneer ze door het hek zijn gegaan en in Bank Field komen, vinden ze een feestmaal van voederbieten in hun lange troggen.

Ik sluit het gegalvaniseerde hek bij Lower Meadow. Nu kan het gras ongestoord groeien tot er op een mooie zomerdag maaimachines komen. Dan maaien ze het neer in grote zwaden en wordt het hooi voor wintervoer.

Gras, de hoeder van ons allen.

En ik herinner me weer een regel uit een les die ik met Kerstmis als kind in de kerk heb gelezen. Jesaja 40:6-7: 'Alle vleesch is gras, en al zijne goedertierenheid als eene bloem des velds; het gras verdort, de bloem valt af, als de geest des HEEREN daarin blaast; voorwaar, het volk is gras.'

Ik slenter langs de kale heg van Marsh Field en ontdek het balachtige nest van een staartmees, een opmerkelijk bolvormig bouwwerk van korstmos. Het ziet eruit als een kopergroen ei. Of misschien een grijsgroene fietshelm. Het nest lijkt weliswaar erg kwetsbaar, maar is door de staartmezen met de kracht van een stuwadoor aan de takken van de wilg bevestigd. Ik probeer het nest voorzichtig los te maken, maar het gaat kapot wanneer ik eraan trek. Duivenveertjes die als stoffering dienden dwarrelen in het rond als bij een kussengevecht.

Het is niet moeilijk om de archeologische artefacten van de twintigste-eeuwse landbouw te vinden. Boeren hebben de gewoonte om alles wat dood en nutteloos is aan de kant te smijten, en daarom belanden veel dingen in de kelderachtige ruimte aan de onderkant van de heg.

Bij het hek por ik met de tak van een hazelaar in de grond. In het veld zitten een paar vinken, die verbeten naar verdwaalde zaadjes van grassen en bloemen in het gras pikken. De drie paartjes vinken die hun nest hebben gebouwd in de heggen van het veld blijven de hele winter in de buurt van hun nest. Ze krijgen gezelschap van vrouwtjes uit Scandinavië. De mannetjes blijven daar achter. Zijn Latijnse naam, *Fringilla coelebs*, – *coelebs* is afgeleid van het Latijnse woord voor vrijgezel – heeft deze vogel gekregen van Linnaeus, die alleen mannetjesvinken zag in zijn geboorteland Zweden omdat de vrouwtjes uit de noordelijke broedgebieden naar het zuiden waren gevlogen. Vinken waren oorspronkelijk vogels die in bossen broedden. Maar wat is een heg anders dan een langgerekt stuk bos?

Nadat ik nog geen twee minuten door het mos en de lagen zwarte bladeren heb gegraven, vind ik mijn eerste schat al, een lang stuk metaal, dat in de loop der tijd dof is geworden, maar nog niet zo oud is dat alle rode Massey Ferguson-verf is afgeschilferd. Ik heb al zoveel van deze dingen gevonden dat ik onmiddellijk weet wat het is: de kap voor de riemaandrijving van een balenpers uit de jaren zeventig.

Wanneer ik neerhurk in de rottende bladeren brengt mijn stok een doffe, holle noot voort: een lege bruine ciderkruik. *Bulmer's Strongbow. Please Return.* Iets verderop ligt er nog een. Verder een spierwit stuk pijpensteel.

Dit is de westkant van de heg, die altijd in de schaduw ligt. Dat is ook precies de plek waar wij uitrusten en eten wanneer we op het land aan het werk zijn. We hebben in de lengende schaduwen van generaties landarbeiders gezeten. Er is echt niets nieuws onder de zon.

Het veld heeft een sombere, norse bui. De elzen langs de rivier zijn een kille paarse vlek. Er is niets te zien, behalve drie witte kwikstaarten. Die brengen nog een beetje vreugde – de enige andere levende wezens in de wijde omtrek.

Natuurlijk is het veld niet somber. Ik ben somber. Het veld weerspiegelt het weer en de stemmingen van de mens.

9 februari. Pimpelmezen fluiten in de middagzon, het geluid van een piepende wip. Uitgeputte hazelaarkatjes. Muggen in brownse beweging boven een gouden veld.

's Nachts schijn ik met een enorme zaklantaarn over het veld en zie ik de roze ogen van konijnen die bij de sloot bij Grove Field aan het eten zijn. De konijnen zijn niet echt geschrokken. Een konijn is de grond aan het 'kinnen': hij markeert zijn territorium met de geurklier onder zijn kaken. Februari is het begin van het belangrijkste paarseizoen van konijnen.

Maar er zitten nooit veel konijnen in het hol bij de oever. Ik heb er nooit meer dan zeven volwassen dieren uit zien komen. Het is een hol voor de kneusjes, de geëxcommuniceerden, de paria's, en het ligt ook belachelijk dicht bij het vossenhol in het bosje. De beide holen zijn nog geen vijftig meter van elkaar verwijderd.

Net als rechte wegen, centrale verwarming en perenbomen is het konijn geïntroduceerd door de Romeinen. Sinds die tijd knaagt het beest zich al een weg door het Engelse platteland. Het reduceren van de konijnenpopulatie – die in de jaren vijftig van de twintigste eeuw uit vijftig miljoen dieren bestond – was het doel van de opzettelijke verspreiding van de ziekte myxomatose. Soms is er nog een plaatselijke uitbraak van de ziekte, waardoor de besmette konijnen rondhuppen met uitpuilende, bloedende ogen, alsof ze aan het brein van Edgar Allan Poe zijn ontsproten.

Maar de konijnen van Grove Bank sterven niet aan myxomatose, maar doordat andere dieren en het barre weer ze te grazen nemen.

13 februari. Lichte sneeuwbuien in de ochtend.

Een raaf vliegt over en krast zijn basso profundo. De spanwijdte van een raaf is een meter twintig, en de vogel laat het land altijd huiveren met zijn gotische schaduw. Wanneer ik langs het bosje loop krijst een Vlaamse gaai naar me. (Ik schrik en kan Chaucers opmerking in 'Het verhaal van de advocaat' bevestigen: 'Je kijft als een gaai.') Een winterkoninkje slaat staccato alarm en laat zijn getak van de harde, kale takken ratelen.

Ik kijk hoe hij in de beschuttende hulst van de heg verdwijnt. Een dankbare winterkoning komt hem gezelschap houden. En nog een. Ze zoeken elkaars warmte op in een poging om in leven te blijven.

14 februari. Valentijnsdag, de dag waarop de vogels volgens Chaucer met elkaar in het huwelijk traden. In zijn *Vogelparlement*, geschreven omstreeks 1381, stelde hij zich voor dat de vogels elkaar op deze dag van de liefde vonden:

> De edele heerseres, schoon van gelaat,
> Wees iedere vogel naar zijn rang en staat
> De plaatse aan waar hij te zitten plag
> Van jaar tot jaar op Sint Valentijnsdag.
>
> [...]
>
> Kortom, vogels van allerlei pluimage
> Die in de wereld zijn kon je in dat uur
> Vergadering zien houden in die bosschage
> Onder het hoog gezag van Vrouw Natuur,
> En geen van allen had er rust noch duur
> Totdat hij had gevonden wat hij zocht:
> Het willig gaaiken dat hem 't liefste docht.

Boven het veld stijgen twee houtduiven op om vervolgens luid met hun vleugels te klapperen alsof ze een aanwijzing hebben gekregen, en daarna zweven ze weer naar beneden als twee papieren vliegtuigjes. Dit is hun baltsvlucht. Ze herhalen dit vier keer en laten de wolken aan de hemel flitsen met de witte strepen op hun vleugels.

Welbeschouwd is een grasveld gewoon een weiland in gevangenschap. Toen de Britten in de negentiende eeuw van het platteland naar de stad trokken om in fabrieken te gaan werken, konden ze hun landelijke wortels toch niet helemaal achter zich laten, en daarom legden ze een piepklein lapje van het vertrouwde groen aan achter hun huis.

Helaas kennen moderne gazons een zeer beperkte diversiteit aan soorten. De meeste gazons zijn groene woestijnen die in een marinade van chemicaliën zijn gedrenkt en bestaan slechts uit enkele grassoorten die 's zomers één keer in de week worden kortgeschoren. Maar in de Middeleeuwen was een grasveld eerder een soort weiland. Het was een bloemenweide, waar het wemelde van de geurige wilde bloemen en kruiden.

Deze prachtige, halfwilde akkers waren een belangrijk onderdeel van het leven in de Middeleeuwen. Er werd gewandeld, gedanst en uitgerust en ze waren bij uitstek de plek waar verliefden zich aan hun geheime hartstochten konden overgeven omdat er in huizen en kastelen zelden een stil plekje te vinden was:

O, zo'n enig bloemenbedje
heeft hij daar voor mij gespreid:
dat geeft nog menig binnenpretje,
als iemand langs dat paadje rijdt.
In de rozen kun je misschien
tandaradei
de afdruk van mijn hoofd nog zien.

Dat wij daar lagen, wist het iemand,
behalve God, dan schaamde ik mij.
Wat hij durfde vragen, niemand, niemand
weet ervan, dan ik en hij
en een lief klein vogelijn,
tandaradei,
dat mag best getuige zijn.

Walther von der Vogelweide (ca. 1170-1230)

De bloemen in een bloemenweide waren niet alleen mooi, maar hadden ook een bepaalde symboliek. De gulden sleutelbloem was de sleutel van Onze-Lieve-Vrouwe, het madeliefje was het embleem van zuiverheid, vergeet-me-nietjes waren de ogen van Onze-Lieve-Vrouwe; vingerhoedskruid stond voor de handschoenen van Onze-Lieve-Vrouwe.

Maar ik moet misschien opbiechten dat er op dit moment niets moois is aan Lower Meadow. De eerste bloemen zijn nog niet uitgekomen en het gras is dun en slap, op enkele stinkende plukken beemdgras na op plekken waar de paarden in het najaar hebben gepoept. Zelfs schapen halen hun neus op voor het gras in de buurt van een paardenlatrine. Het veld heeft een groene tint uit de mineurtoonsoort. En eigenlijk zelfs dat niet. En het is stoppelig en aangetast door de modder van gespleten schapenhoeven en molshopen en paardenvijgen die op onverklaarbare wijze niet zijn afgebroken en geëgaliseerd door het weer. Als een meedogenloze schijnwerper licht de zon alle details uit. Ieder grassprietje is duidelijk te onderscheiden in zijn aardse omgeving: een haar in de hoofdhuid van de planeet. Slechts enkele sprietjes zijn langer dan 3,25 centimeter, en ze zijn allemaal identiek. In dit jaargetijde is de ene grassoort nauwelijks van de andere te onderscheiden. Maar waarom trillen sommige sprietjes nadat ze een microscopisch briesje hebben opgevangen – en andere niet?

Je moet even heel goed kijken om de piepkleine kantwerkachtige blaadjes van de opkomende boterbloemen te zien, de miniatuurklavertjes, de miniblaadjes van zuring en brandnetels. Sommige velden aan de andere kant van het dal zijn al fluorescerend groen en zo glad als een biljartlaken. Dat zijn de velden die zijn bemest met stikstof. Je kunt zeggen wat je wilt over kunstmest, maar je krijgt in elk geval wel een mooie kleur groen.

Ik ben de hele ochtend stront aan het ruimen, de overgebleven paardenvijgen in de aanhangwagen van de tractor aan het scheppen, zodat ik ze later op de mestvaalt kan gooien.

Een zwerm kauwen speelt een zelfbedacht spelletje in de blauwgroene lucht. Kleine sprietjes van de gevlekte aronskelk hebben zich door de aarde weten te dringen en zien het daglicht.

15 februari. Ochtendkoor om kwart voor zeven. Lijsters zingen uit volle borst, en op de achtergrond, bij Little Trelandon, roepen kauwen.

Dan regent het bij hoge wind. Een geruststellend lied van harde regen. Het veld is verlaten, geen beest of vogel te bekennen. De Escley brult in de nacht.

17 februari. De Escley is nu rustiger. Op de oever onder het kreupelhout zijn de tunnels van de woelratten meedogenloos blootgelegd door het water dat recent nogal tekeer is gegaan. Op grote stukken van de rivierbodem zijn al het zilt, de algen en de detritus weggeveegd zodat het glimmende roze-groene gesteente van de bedding te zien is. Wanneer ik inadem, ruik ik bijna de zuivere, opwekkende zuurstof die boven het water stroomt.

Bij het bosje gooit een merel doodgemoedereerd leerachtige hazelaarbladeren aan de kant. Hij zoekt naar eten.

Een eenzame fazant roept in de elzen van Quarry Wood. Alle wolken zijn weggeblazen uit de hoge koepel van de avondlucht. Een roze gloed verschijnt op de brede taille van Merlin's Hill.

19 februari. Wanneer we na Freda's ouderavond naar huis rijden verlichten de koplampen van de auto een heleboel lichte bladeren op de weg. Het zijn echter geen bladeren, maar de witte kelen van honderden stille, starende kikkers. Ook op het pad naar de boerderij wemelt het van de suffige amfibieën. Penny rijdt voorzichtig om de gaten in de weg en de kikkers heen en het duurt vijf minuten voor we de driehonderdvijftig meter met de auto hebben afgelegd, maar helaas kunnen we niet voorkomen dat we enkele *Rana temporaria* platrijden.

De kikkers die bij het huis komen moeten nog iets meer dan

tweehonderdvijftig meter afleggen naar de sloot annex poel bij Lower Meadow waar ze gewoonlijk paren.

22 februari. De sloot bij Lower Meadow klinkt als een staalfabriek in de avond, zo luid is het kabaal van de parende kikkers.

23 februari. Ook de padden trekken naar de poel waar ze van oudsher hun eieren afzetten en bevruchten.

In 'Over de pad' merkte George Orwell op dat hij het verschijnen van *Bufo bufo*, de pad, de neef van de kikker, die uit zijn winterslaap ontwaakt door een siddering van de aarde of een enkele graden hogere temperatuur, het meest aansprekende teken van het naderende voorjaar vond. De pad, schreef hij, was in tegenstelling tot de veldleeuwerik en de sleutelbloempjes 'nooit erg door dichters opgehemeld'. Hij voegde eraan toe dat de pad er 'hoogst vergeestelijkt' uitzag nadat hij zo lang niet had gegeten, als een strenge Anglo-katholiek tegen het einde van de vastentijd. Ik weet niet of het nu aan hun hooggestemde ideeën of hun luchthartigheid ligt, maar padden zijn in elk geval veel roekelozer dan kikkers wanneer ze naar de poel kruipen waar ze hun eieren afzetten.

's Ochtends ligt er op iedere meter van de weg een platgereden lichaam van een wrattige pad. Zolang ze niet in de buurt van auto's komen, maken padden echter een goede kans om te overleven. Met de klieren in hun huid scheiden ze een gif af, bufofagine, waardoor ze geen aantrekkelijke prooi voor roofdieren zijn.

Een deel van de padden die dit deel van de tocht hebben overleefd, begeeft zich vastberaden en geestdriftig naar het ondiepe poeltje aan het einde van Bank Field. Ze zijn zo hooghartig dat ze weigeren de sloot bij Lower Meadow met de kikkers en de watersalamanders te delen.

's Avonds loop ik angstvallig oplettend naar het drassige stuk van het veld. Ik doe mijn zaklamp aan. Overal dwalen bendes padden rond. Er is werkelijk niets aantrekkelijks aan paddenseks: de mannetjes zijn losbandig met elkaar aan het copuleren en ik zie een stuk of vijf padden die om een vrouwtje vechten in een zogenaamde paarkluwen, en er zijn er een stuk of tien die zich aan een steen hebben vastgeklampt. Ik steek een tak in het water. Een pad grijpt zich eraan vast en laat niet los wanneer ik de tak in de lucht steek.

De volgende ochtend liggen de lijken van twee vrouwtjespadden in het water. Ze zijn tijdens de paardrift verdronken.

De beter geslaagde paringen hebben snoeren met zwarte eitjes en een geleiachtig omhulsel opgeleverd.

George Orwell is een onderschatte natuurschrijver. Als je er oog voor hebt, vind je natuurbeschrijvingen in zijn boeken, zoals de uitweiding over bosplanten in *Happend naar lucht*. Hij had in elk geval een scherp oog voor de democratie van het voorjaar:

> Het gaat erom dat de geneugten van de lente voor iedereen klaar liggen en niets kosten. Zelfs in de naargeestigste straat is wel aan een of ander teken te merken dat het lente is geworden, al is het blauw tussen de schoorstenen maar iets helderder of zie je tussen de ruïnes van een gebombardeerd huis een vlierboom heldergroen uitlopen.

Velden zijn niet natuurlijk, maar hebben wel natuurlijke voorgangers, zoals open plekken in het bos en bergweiden. Ze zijn door de mens met natuurlijke materialen gemaakt.

Hoe maak je een weiland? De eerste velden zijn met stenen

bijlen uitgehakt in het bos. Bomen werden platgebrand of ontschorst zodat ze een langzame dood stierven. De neolithische boeren in dit dal met eikenbossen maakten net als boeren elders gewoonlijk eerst weilanden op hogergelegen plekken (op die plekken was het oerbos dat in Groot-Brittannië ontstond na het smelten van de ijskappen, aan het einde van de IJstijd omstreeks 10 000 voor Christus, het minst dicht) of op de open plekken die ontstonden op plaatsen waar bomen omvielen. Deze boeren uit het Stenen Tijdperk waren echter nomaden die met hun primitieve vee naar nieuwe weiden trokken zodra er niets meer te grazen viel.

De bomen hebben het nog niet opgegeven. Ze proberen het veld nog steeds te herbebossen door scheuten van de meidoorn of de sleedoorn te laten opschieten in het gras of pitten en noten te laten vallen als een vijfde colonne.

De afgelopen twintigduizend jaar is er in dit dal aan de grens van het land maar weinig veranderd, hoewel de Romeinen, die er alleen met een fort in het dorp Longtown in waren geslaagd het gebied onder hun heerschappij te brengen, misschien de elzen van de drie parallelle rivieren – de Olchon, de Monnow en de Escley – hebben aangepakt. In 1086 maakte het dal zijn entree in de geschiedenis, met een korte vermelding in het *Domesday Book*: ‘Roger of Lacy bezit ook land dat Longtown heet binnen de grenzen van Ewias. Het land behoort niet toe aan het kasteel noch aan de Hundred [een deel van het graafschap Herefordshire]. Van dit land heeft Roger 11 sesters honing, 15 varkens wanneer de mannen er zijn en wanneer hij rechtspreekt.’

Met andere woorden, de voornaamste agrarische bedrijvigheid in het dal bestond uit het loslaten van een stel varkens in het eikenbos.

Het is niet moeilijk om vast te stellen hoe oud het veld is, althans om vast te stellen wanneer het is ontstaan. Volgens Hoopers regel is de heg die het veld van Grove Farm scheidt zeshonderd jaar oud – ongeveer even oud als het kreupelhout langs de rivieroever. Het veld was ongeveer tweehonderd jaar onderdeel van een groter geheel, tot het weer werd onderverdeeld: de heg bij Marsh Field is driehonderdvijftig jaar oud. De iele heg aan de noordkant is echter een raadsel, want die is maar honderd jaar oud.

De velden zijn net zo goed door dieren als door mensen gemaakt: de schapen en de ossen van middeleeuwse boeren voorkwamen dat de velden weer bossen werden, en voedden de bodem met hun uitwerpselen.

24 februari. De eerste eiklompen kikkerdril zijn gelegd in de 'sloot van de watersalamanders', zoals we het poeltje bij Lower Meadow noemen.

Er zullen niet veel kikkervisjes uit het ei komen en overleven. Deze plek is bekend bij de reiger, de vos en andere roofdieren.

De onheilsdag voor de kikkerdril breekt al snel aan. In de loop van de nacht van de 27 februari trekt een vos klompen van het gespikkelde behangplaksel dat kikkerdril is op de oever. Maar er zijn zoveel klompen kikkerdril – vierendertig in totaal, die zijn samengeklonterd tot een continentale massa – dat er uiteindelijk na alle predaties toch wel enkele kikkers zullen verschijnen.

Het weiland lijkt helemaal tot stilstand te zijn gekomen. Maar een leeg weiland lijkt altijd ergens op te wachten, te anticiperen. Een bos gaat helemaal uit eigen beweging verder met zijn bezigheden, als vanzelf.

Maart

Das

5 maart. Alle vogels zijn in gezang uitgebarsten. Een specht roffelt op de dode iep in het dal, alsof hij met elastiek is opgewonden en losgelaten. Een leeuwerik fladdert op boven het weiland en zingt zijn eerste territoriale lied van het jaar, een vlieger aan een onzichtbare draad.

6 maart. Een buizerd vliegt over me heen met een takje in zijn snavel.

Meer sneeuw, die bijtend en horizontaal uit het noorden komt en in vegen op het rode heidehaar van de berg gaat liggen. Onder de heggen doet alleen het bosbingelkruid een nogal zielloze poging om te bloeien, en het veld begint weer aan zijn winterslaap.

Maar niet helemaal. De das heeft de wortels van het bosbingelkruid uitgegraven. Hij heeft ook geprobeerd om door de bovenkant van het konijnenhol te komen in een poging zijn honger te stillen met de jonge konijntjes.

Aan het einde van de dag sta ik te luisteren naar de wind die over het oppervlak van het witte veld jaagt.

9 maart. De eerste stengelloze sleutelbloem bloeit tussen de vuile hoopjes sneeuw en staat er betoverend bij aan de rand van de sloot van Grove Field, een baken voor de zon.

Primula vulgaris is de eerste plant die in het grasveld zelf bloeit. Ik weet hoe het voelde vandaag. Het voelde als de eerste dag van het voorjaar. Ik kan het ruiken. Onder de heggen komen het zevenblad en de brandnetels op.

Maar er zijn nog betrouwbaarder indicatoren voor het aanbreken van het voorjaar dan mijn neus. De mol, bijvoorbeeld.

Het antropomorfiseren van mollen is een eeuwenoud verschijnsel. Toen de streng protestantse Willem de Derde een keer uit rijden ging in Hampton Court struikelde zijn paard over een molshoop. Het dier wierp de koning van zijn rug. De koning brak zijn sleutelbeen en overleed drie weken later, in februari 1702. De pro-katholieke jakobieten waren verrukt en hieven het glas op 'de kleine heer in het zwarte fluweel'. Kenneth Grahame, de auteur van *De wind in de wilgen*, en Alison Uttley, de schrijfster van *Muffie de mol*, zijn slechts twee van de vele kinderboekenauteurs die de verleiding niet konden weerstaan om *Talpa europaea* te vermenselijken. Uttleys Muffie, die in het Engels Moldy Warp heet, ontleent zijn naam aan *moldwerp*, het Oudsaksische woord voor het dier dat 'opwerper van aarde' betekent. Mollen werpen ook aarde op, namelijk ongeveer tien kilo per uur. De overtollige grond wordt bij het graven in verticale schachten omhoog geduwd en veroorzaakt de bekende molshopen. (Niet helemaal verticaal: ze komen in een hoek van vijfenveertig graden omhoog, een beetje zoals een mijngang bij schachtbouw.) Mollen werken met een stachanovistisch doorzettingsvermogen en draaien diensten van vier uur. Blijkbaar ben ik nu ook aan het antropomorfiseren geslagen.

Wat kinderboeken echter niet beschrijven is de gigantische vraatzucht van de mol, die door zijn tunnels kruipt en alle onfortuinlijke wormen, kevers en larven die daarin vallen opschrokt. De tunnel van een mol is helemaal niet schattig. Het is een uitgestrekte val. En voor een heer in een fluwelen smoking is de mol ook wel erg onbehouwen: hij bijt de kop van de worm af, veegt vervolgens met zijn klauwen alle aarde van de worm af en slurpt hem dan op als een sliert spaghetti. Alle wormen die de mol niet op kan bewaart hij in een voorraadkast. De wormen, die zijn onthoofd en bovendien verlamd met een gif dat in de mollenkwijl zit, leven nog, maar kunnen zich niet verroeren.

In dit veld groef ik twee jaar geleden een gat voor een nieuwe hekpaal. Het stalen blad kliefde door de rode klei – die zo dik was dat de zijkanten van het gat glad waren en glinsterden – en onthulde een gruwelkelder die zich ongeveer zestig centimeter onder de grond bevond: de voorraadkast van een mol met honderden verstrengelde wormen. Het was al een hele tijd droog weer, en daarom ging ik ervan uit dat de vleesvoorraad een voorzorgsmaatregel was voor tijden waarin de wormen zo diep in de aarde verdwenen dat de mol ze niet kon vinden.

Sommige wormen waren in die verdoofde toestand die ook wel als dood wordt omschreven. Je bent gewend een veld te zien als een plek waar dingen leven en groeien. En dat is het ook. Maar het is ook een gigantische begraafplaats. Ik heb schapen in het veld begraven, maar dat hebben anderen vóór mij ook al gedaan, iets wat ik weet doordat ik gaten heb gegraven voor hekpalen. En dan zijn er ook wilde dieren die in hun hol of leger sterven.

Dit grensgebied, en hoogstwaarschijnlijk ook dit weiland, heeft gedurende duizenden jaren schermutselingen tussen indringers en bewoners meegemaakt, tussen een gezagsgetrouwe bevolking en plunderaars. (Je hebt een beetje ruimte nodig voor een fatsoenlijk gevecht, vandaar het slag*veld*.) De Saksen hielden uiteindelijk zo'n tien kilometer naar het oosten op met koloniseren, maar staken in 743 wel de huizen en hutten van Longtown in brand en vestigden zich vervolgens in de tiende eeuw voorbij Offa's Dyke. De Vikingen plunderden het dal in 915. Onder Gruffydd ap Llywelyn, de prins van Noord-Wales, gingen de Vikingen en de Welshmen hier in 1055 als een stel dollen tekeer. Het kostte de Noormannen drie jaar om de Merciaanse koning van het gebied,

Edric, te onderwerpen. Op hun beurt stonden de Noormannen het onrustige gebied af aan Walter de Lacy, die zijn naam gaf aan Ewyas Lacy, dat later Longtown zou worden genoemd, naar de opmerkelijke lintbebouwing van het dorp. Het kasteel dat door De Lacy en zijn erfgenamen werd gebouwd, was een van de negentig kastelen die de zogenaamde Marcher Lords – leenmannen – bouwden om de grensstreek te bewaken. Daar slaagden ze niet echt in, want het dal werd berucht vanwege de Welshmen die er vee en schapen kwamen plunderen.

De herinnering aan die tijden spookt nog steeds door de hoofden van het volk. Alles wat stevig is gebouwd, van de met koper beslagen eiken deur van de kerk in Clodock tot een degelijk hek, verleidt mensen nog steeds tot de uitspraak: 'Daarmee houden we de Welshmen wel buiten.' Volgens de wet is het nog steeds toegestaan om met pijl en boog Welshmen neer te schieten op het terrein van de kathedraal in Hereford.

Toen er door de Engelse invloed na eeuwen van plunderende Welshmen een werkelijke grens kwam, nam het menselijke geweld wel af, maar daarmee was het bloedvergieten niet helemaal uit het gebied verdwenen. Tijdens de burgeroorlog sloeg een Schots parlementsgezind leger ter plaatse zijn kamp op voor de belegering van Hereford. (De Parry's waren fervente aanhangers van Cromwell, wat nogal ongebruikelijk was voor een familie uit Herefordshire. Een Parry werd zelfs officier in het parlementsgezinde New Model Army.)

Er zijn troosteloze novemberdagen waarop je nog steeds het geschreeuw van vechtende mannen hoort en paardenhoeven die op de kiezels van de Escley klepperen. En waar werden de doden begraven? Waarschijnlijk in dit veld bij de rivier, waar je relatief gemakkelijk kunt graven in de klei en waar het ondoordringbare zandsteen dieper is dan de bodem van een graf.

De lieflijke weiden van Engeland zijn het ene na het andere met groen overgroeide graf van dieren en mensen.

In deze bloedrode aarde is de kleine mijnwerker vandaag geestdriftig bezig. Op een stuk van ongeveer duizend vierkante meter is het aardoppervlak bedekt met molshopen, en ik moet denken aan de dichtregels van Cowper over een mollenplaag in een veld, waar

> bij iedere stap
> Onze voet half wegzonk in groene en zachte heuveltjes
> Die waren opgeworpen door de mol.

Op mijn tenen loop ik tot ongeveer drie meter van de plek waar een mol aan het graven is en vulkanisch aarde opwerpt vanuit het midden van een hoop. Toen ik klein was heb ik eens een tijdlang met mijn oor boven het gangenstelsel van een mol in de boomgaard van mijn grootouders gelegen. Nadat ik een eeuwigheid met mijn oor tegen de grond had liggen wachten, werd ik beloond door het geluid van gravende klauwen en een verre piep. Vandaag zie ik die klauwen heel even wanneer ze door het gat een lading aarde opwerpen. Ze zijn buitensporig groot en hebben vijf vingers die menselijk zijn in hun roze naaktheid, maar de nagels hebben van een halloweenheks. Daarna verschijnt een zenuwachtige, vlezige snuit in het daglicht. De mol is waarschijnlijk een mannetje. Mannetjesmollen lijden aan een soort dwangneurose om rechte gangen te graven. Deze heeft molshopen opgeworpen die in een loodrechte lijn naar het midden van het veld lopen. Er zit een systeem in zijn waanzin: hij graaft parallel aan de sloot waaruit water in het veld sijpelt. Hij graaft precies op de plek waar de grond zacht en plooibaar is, maar nog niet zo zacht dat zijn tunnels zullen onderlopen. Het paarseizoen begint in maart, en hij is nu zo fanatiek tunnels aan het graven omdat hij wil paren en op zoek is naar een vrouwtje. Mollen paren tussen maart en mei, wanneer de vrouwtjes oestron aanmaken om de mannetjes te lokken en de feromonenproductie in gang is gezet door het lengen van de dagen of de temperatuurstijging van de aarde. Na een draagtijd van ongeveer tweeënveertig dagen worden er drie tot zes onbehaarde jongen geboren in een nest dat is bekleed met gras.

Na het paren gaan de mannetjes op zoek naar wijfjes die nog niet zijn gedekt. Als ze een ander mannetje tegenkomen in hun gangenstelsel vechten ze als gladiatoren. Er vinden dus zowel boven- als ondergronds gewelddadigheden plaats.

Eerlijk gezegd ben ik alleen mollen aan het kijken omdat het een stuk makkelijker is dan het werk dat ik eigenlijk wilde doen en waarvoor zelfs Sisyphus zou terugdeinzen. Ik probeer een aantal molshopen glad te maken met een hark omdat de aarde anders tijdens de hooitijd in het gras belandt en het hooi zal verpesten.

Ik kan natuurlijk de mollenvanger bellen, maar eigenlijk houd ik wel van mollen. Ik ben ervan overtuigd dat ze nuttig werk doen door de grond te draineren en te luchten. Verder vermoed ik ook dat het weinig zin heeft om een mol te vangen omdat zijn territorium meteen zal worden ingepikt door een andere mol.

Sinds strychnine in 2006 als mollendoder werd verboden, heeft de ouderwetse mollenvanger zijn herintrede gedaan. Er is hier een keer een mollenvanger langsgekomen. Zijn glimmende zwarte, ongemerkte Merc-busje slaagde er niet in zijn bloeddorstige roeping te verhullen. Hij doodde mollen, vertelde hij met een Welsh accent, met een *shillelagh*, een soort Ierse knuppel. De gedroogde huiden verkocht hij voor vijftig pence aan vliegvissers, die de huid aan de haak bonden. Het was niet helemaal dezelfde handel als in de jaren twintig, toen mollenvangers broeken van mollenbont droegen en er jaarlijks twaalf miljoen mollenhuiden naar de Verenigde Staten werden geëxporteerd voor de productie van exclusieve kleding.

Ik zei maar niet tegen de mollenvanger in zijn huurmoordenaarsbusje dat ik mollenvangers en de kindervanger in de film *Chitty Chitty Bang Bang* altijd hopeloos door elkaar haal. Of dat ik, wanneer zijn beroep alleen maar wordt genoemd, meteen aan de vier angstaanjagendste regels van de Engelse pastorale poëzie moet denken:

Terwijl ik de kleine molletjes zie wiegen in de wind
Aan de enige oude wilg die zich nog in het veld bevindt
En de natuur haar gezicht verbergt terwijl zij wiegen aan een touw
En vervuld is van een stil berouw...

In 'Remembrances' bracht John Clare de wrede gewoonte om mollen te vangen in klemmen en hun lijken in bomen te hangen direct in verband met de pijn die de arme Engelse plattelandsbevolking werd toegebracht door de privatisering van de voormalige gemene gronden.

En ik weet wel met wie ik meeleef.

En hebben we eigenlijk wel mollenvangers nodig? We hebben Snoopy, de jack russell. Snoopy heeft de labradors en de borderterriër geleerd hoe ze mollen moeten opgraven. Met hun graafwerkzaamheden richten ze natuurlijk meer schade in het grasveld aan dan de mollen. Soms brengen de honden de dode mollen als een cadeautje mee naar huis, kleine pakketjes spieren die verpakt zijn in zwart fluweel.

Ik ben weer begonnen met het effenen van de molshopen. Wanneer ik het veld nader, zie ik twee overvliegende Canadese ganzen, die de raaf in haar spar in verwarring brengen met hun geroeptoeter. De raaf roept terug. In het veld zit een buizerd, van het broedsel van afgelopen zomer, die zich er niet van bewust lijkt te zijn dat het motregent. Hoe diep is hij gezonken? Hij of zij eet regenwormen, en ik geloof niet dat het aanmatigend is om te suggereren dat de buizerd het niet heel prettig lijkt te vinden dat hij nu op zo'n lage levensvorm moet jagen – hetzelfde dieet als de mol. Slurp, slurp, snel naar de volgende worm. Slurp, slurp. Hij kijkt om zich heen. Ren. Slurp, slurp. Zijn tafelmanieren hebben meer weg van die van een kalkoen dan die van een roofvogel. Maar dat zijn slechts uiterlijkheden. In de gespikkelde borstkas van de buizerd, die net zo'n gevlekt en gestreept verenkleed heeft als de lijster, zit een darmkanaal dat bijzonder lang is naar roofvogelstandaarden. Dit betekent dat *Buteo buteo* uit een armzalig dieet als een stel regenwormen de maximale voedingswaarde kan halen.

Ze zeggen dat alleen buizerds en kieviten zo over een veld kunnen springen dat hun voetstappen als regendruppels klinken. En de regenwormen die erin trappen komen naar de oppervlakte om te worden opgeslurpt door de 'dansende havik'. Ik weet alleen dat er vanuit de groeve nog twee buizerds komen aangevlogen om wormen te komen eten.

Het Engelse woord voor een groep buizerds is 'wake'. Dat klopt wel, voor mijn gevoel.

13 maart. Uit de eieren van de kikkerdril in de sloot beginnen kikkervisjes of dikkopjes te komen. In het Engels heten ze ook wel 'polliwogs', een benaming voor het larvale stadium van de kikker die is afgeleid van het Middelengelse *polwygle*, dat is samengesteld uit *pol*, 'kop' en *wiglen*, 'wiegelen' – oftewel wiegelkopjes, een accurate omschrijving van deze spermatozoïde wezens.

Net als de zee is de rode aarde van Herefordshire overal anders van kleur. In de wanden van de sloot, aan de droge bovenkant, onder de bodem bij de heg, heeft het de roze kleur van gepocheerde zalm. In de roze gloed van een andere voorjaarsachtige, opbeurende maartse middag hebben de opborrelende molshopen de paarse kleur van bessen, alsof er vruchten op de aarde groeien.

Hoewel het bijtend koud lijkt, kruipt de temperatuur waarschijnlijk naar de zes graden die gras nodig heeft om op te schieten en met volledige overgave te groeien.

Sommige aanwijzingen voor de naderende lente zijn negatieven, dingen of dieren die niet aankomen, maar vertrekken. In de loop van de avond trekken de kramsvogels naar het noorden, de vogels die, zoals John Clare schreef:

> Met de verkillende vleugel van de winter komen en vertrekken
> En in wie het voorjaar geen vreugde lijkt op te wekken.

Het veld zal vanaf nu tot oktober constant van kleur veranderen. Een nieuwe sneeuwbui op 11 maart slaagt er niet in te verbloemen dat de hemelse bosanemonen in het bosje of drie dappere paardenbloemen in het veld zelf uitkomen. Drie dagen later vliegt er een weidehommel (*Bombus pratorum*) over de grasssprieten en tussen de zich snel vermenigvuldigende paardenbloemen door. Ik ren achter hem aan en zie hem in een muizenhol onder de heg bij Marsh Field verdwijnen, tussen het detritus, de plukken zwarte wol, het groen van het bosbingelkruid. De haren van de weidehommel fungeren als een bontjas, waardoor hij al kan rondvliegen wanneer andere gevleugelde insecten de kou nog niet kunnen verdragen.

De bloesem van de sleedoorn staat dicht op de takken en komt bijna uit; de doornen die om het hoofd van Christus waren gevlochten zijn nog duidelijk zichtbaar.

Ik kom bijna een week lang niet in Lower Meadow, hoewel het nog geen vierhonderd meter van mijn huis is. Mijn horizon is gereduceerd tot de paddock voor het huis, waar de ooien zijn verzameld voor het aflammeren.

Aflammeren gaat maar op twee manieren: het gaat heel erg goed of totaal verkeerd, en dit jaar heb ik meer tijd met mijn handen in de baarmoeder van ooien gezeten dan zowel de schapen als ik prettig vinden. Van hooibalen en golfplaten heb ik schuilplaatsen voor de ooien gemaakt zodat ze een beetje beschutting hebben tegen de stromende regen. Ik schuil er ook wanneer ik om vijf uur 's ochtends (het favoriete tijdstip voor ooien om af te lammeren, weet ik uit ervaring) slaapdronken met mijn arm in een ooi het spel op leven en dood speel en probeer te bedenken welke knokige poot bij welk lam hoort. Wanneer ik ze heb ontward en gekeerd, komen de lammeren van de Ryelands tevoorschijn in slijmerige vliezen die moeten worden verwijderd met stro of lappen. Wanneer ze niet hun kop opsteken en blaten... verwoed wrijven, lucht die in neuzen wordt geblazen, biest die wordt toegediend met een sonde, jodium op navels.

Onze schapen hebben allemaal een naam, namen die makkelijk te onthouden zijn vanwege de kleur, het type, de geboortedatum, een gelijkenis met een werkelijk of fictief personage of een of andere karaktertrek: Chocolate, Sooty, Soo, Tiddlywink, Shortbread, Cardigan, Jumper (natuurlijk), Valentine, Tess... Wanneer je bij ons komt wonen, krijg je een naam.

Een ondermaats lam wordt dood geboren, een ander gaat binnen enkele uren dood, en voor beiden rouw ik met dichtgeknepen ogen voor het nooit geleefde leven. Niets is zo onschuldig als een pasgeboren lam; het jong van de schapen is niet voor niets toegeëigend als het symbool voor Jezus.

Alle ooien van de Shetlands en Hebrideans lammeren met beestachtig gemak af, en de zwarte lammeren zijn 'scherp' en lopen binnen enkele minuten. Nee, primitieve schapen zijn niet vermoeiend vanwege hun barenstechniek, maar vanwege de wispelturigheid van de ooien wanneer ze eenmaal moeder zijn geworden.

In de loop van de nacht duikt er een ding of een dier op in de paddock dat een delirium van geblaat onder de ooien en de lammeren veroorzaakt. Binnen enkele minuten ben ik buiten met een zaklantaarn. De indringer is alweer verdwenen. Een ooi van de Hebrideans, die net heeft afgelammerd, laat haar tweelingen in de steek en gaat ervandoor. In de loop van een druilerige, grauwe dag probeer ik haar weer te verzoenen met haar nageslacht, maar uiteindelijk moet ik haar vangen en zo stevig vastzetten dat ze geen kant meer op kan, en dan moet ik de lammeren bij haar zetten zodat ze kunnen drinken. Maar ze springt alleen maar op en neer. Ik laat haar gaan voordat ze de lammeren vermoordt en geef ze de fles.

Ze wonen in de woonkamer in een hondenren. Schapen die tam zijn geworden doordat ze de fles hebben gekregen, hebben als voordeel dat ze vanzelf op voedsel zullen afkomen wanneer ze eenmaal volwassen zijn. En dan zal de rest van de kudde vanzelf volgen.

21 maart. Zware regenval. De paarden in House Field keren hun rug naar de regen, de schapen en hun lammeren verschuilen zich bij de heggen of de ruiven. De weidehommel is vast heel blij met het huis dat hij van de muis heeft ingepikt. In de hazelaar bij Lower Meadow zie ik een kleine zwerm verdwaalde koperwieken, de lijsters met de innemende crèmekleurige wenkbrauwstrepen en koperrode flanken en oksels. Wanneer ik nader, vliegen ze op en fladderen ze naar links en naar rechts, alsof ze dronken zijn.

Ze hangen nog een dag rond. Op 23 maart kijk ik 's nachts bij de schapen en hoor ik koperwieken 'psrieën' in de sterrenhemel. De volgende dag zijn er geen koperwieken meer op de boerderij. Ze zijn weer naar het noorden getrokken, naar Scandinavië.

Wanneer het aflammeren achter de rug is, gaan we een dag naar Londen en overnachten we bij mijn schoonzus. Bij thuiskomst ben ik helemaal blij omdat de lucht zo schoon en verfrissend is en omdat ons bronwater zoveel beter smaakt dan water met chloor.

Verder zijn er de zegeningen van de aarde. In de opbeurende zonneschijn pluk ik paardenbloemen voor de paardenbloemenwijn, onze huiswijn. Het zijn bloemen van de zon: hun bloemhoofdje draait mee met de zon. Het zijn kleine nucleaire ovens.

De Fransen zijn minder grillig en blijven de paardenbloem halsstarrig *pissenlit* noemen, met een knipoog naar de diuretische eigenschappen van de bloem. Toen ik kind was, noemde ik ze 'klokken' en blies ik de rijpe vruchten van het hoofdje weg om te kijken hoe laat het was en om de toekomst te voorspellen. En in zekere zin vertellen paardenbloemen ook hoe laat het is: net als de witte, kwetsbare bosanemonen sluiten ze 's nachts hun bloemhoofdje.

Paardenbloemen zijn niet altijd als onkruid beschouwd. In de Victoriaanse tijd werden ze gekweekt in ommuurde tuinen en door de adel op verfijnde broodjes gegeten.

Dan valt opeens de stilte van de nacht, wanneer de bloemhoofdjes van de paardenbloemen dichtgaan.

Ergens in het dal blaft een hond, en zijn geblaf wordt eerst door een hond overgenomen en vervolgens door een andere. Er volgt een kettingreactie van Clodock naar Michaelchurch Escley. Waarschijnlijk hebben ze allemaal *101 Dalmatiërs* gezien.

25 maart. In de heggen om het veld ontvouwt de eerste bloesem van de sleedoorn zich in delicate witte kristallen. Maar zelfs het pittoreske decor van het veld biedt geen afleiding voor de motregen die alle aandacht opeist. Het is het soort motregen dat overal in doordringt en alles doorweekt. Ik zit onder de heg met een verrekijker die ik constant moet afvegen en kijk bijna een uur lang naar een winterkoninkje dat een nest bouwt in de heg van Marsh Field. Hij vliegt er steeds naartoe met grassprieten en wipt op zijn vertrouwde manier parmantig met zijn staart wanneer hij op de tak van de wilg landt. Daarna fladdert hij weer weg. Hoewel de heggen nog niet in blad staan, verre van zelfs, bieden verdwaalde bladeren en takjes van vorig jaar en van het snoeien voldoende beschutting voor zijn bouwwerk. Hoogstwaarschijnlijk bouwt hij ook andere nesten, die hij zal laten zien aan ieder vrouwtje dat in zijn territori-

um komt. Als een van de nesten haar bevalt, zal ze er intrekken, de boel opfleuren en zijn jongen dragen. Een sloerie die met een beroemde voetballer wil trouwen is niet veel oppervlakkiger.

Zijn eigen gedrag getuigt echter ook niet van een hoogstaande moraal. Zodra een vrouwtje zich behaaglijk heeft genesteld, zal hij nog een winterkoninginnetje naar een van zijn lege nesten proberen te lokken, waar ook dit vrouwtje zijn nageslacht zal baren. Het haantje reist dan heen en weer tussen zijn gezinnetjes, een overspelige handelsreiziger uit een vooroorlogse thriller.

Het Engelse woord voor winterkoninkje, *wren*, stamt van het Angelsaksische woord *wrœnno*, wat 'wellustig' betekent. Het Angelsaksisch is linguïstisch verwant aan het Deense *vrensk*, wat niet-gecastreerd betekent. Iets minder grappig is de Latijnse naam voor de vogel: *Troglodytes*. Dat wordt meestal vertaald als 'holbewoner', hoewel 'holenduiker' (*trogle* betekent hol, *duo* duiken) een treffender omschrijving van het stiekeme winterkoninkje zou zijn.

Vreemd dat zo'n wulps, maar verder volkomen onschadelijk vogeltje het mikpunt van zoveel minachting kan worden. In delen van Ierland wordt nog steeds de Jacht op het Winterkoninkje nagespeeld. Vroeger trokken groepjes jongens in december de natuur in om een winterkoninkje te vangen en te doden. Daarna gingen de jongens in het dorp van deur tot deur terwijl ze zongen:

> The wran, the wran, the king of all birds,
> St Stephen's Day was caught in the furze;
> Come, give us a bumper, or give us a cake,
> Or give us a copper, for charity's sake.*

Tegenwoordig wordt er een afbeelding van een winterkoninkje gebruikt.

* De winterkoning, de winterkoning, de koning van alle vogels,/ St Stephen's Day was gevangen in de gaspeldoorn;/ Kom, geef ons een borrel of geef ons een koek,/ of wees eens liefdadig en geef ons wat geld.

Het winterkoninkje lijkt het slachtoffer te zijn geworden van de legende over de Engelse christen Saint Stephen, waarin hij de schildwachten zou hebben gewaarschuwd dat de Engelsman uit de gevangenis probeerde te ontsnappen. Er zijn nog veel meer volksverhalen over het opvallende geklik van de vogel. Zo zou hij in de zeventiende eeuw op een trommel zijn gesprongen om Cromwell te waarschuwen voor een verrassingsaanval van de Ieren. Aan het schokkerige geluid van zijn alarmroep dankt hij zijn bijnaam in Devon: *crackil* of *crackadee*.

Het is vooral verbazingwekkend dat zo'n klein vogeltje zo'n kabaal kan maken. Wetenschappelijk gesproken hebben vogels geen larynx, maar een orgaan dat bekendstaat als een syrinx. De syrinx is veel effectiever in het produceren van geluid dan onze eigen larynx en onze stembanden. Waar een syrinx bijna alle lucht die uit de longen van een vogel komt kan laten trillen, gebruiken menselijke stembanden slechts twee procent van de passerende luchtstroom. Bovendien kan de syrinx tegelijkertijd twee verschillende geluiden produceren (een aan elke kant), wat de complexiteit van vogelzang voor een deel verklaart.

Maar het beluisteren van de mannetjeswinterkoning die begint te zingen is geen zaak voor de wetenschap. Maar weinig vogels zijn in staat de eenzaamheid van een regenachtige dag in maart, wanneer de winter van geen wijken wil weten, te laten verdwijnen. Op een soortgelijke dag kwam Wordsworth een lieflijk zingende winterkoning tegen:

De aarde was troosteloos, en, beroerd door zachte
Innerlijke luchtstromen, de snikken van het oord,
De ademtocht, liet de huiverende klimop
Grote druppels van de dakloze muren vallen, maar toch
Was de onzichtbare vogel in deze droefenis
Zo lieflijk voor zichzelf aan het zingen dat ik daar
Had kunnen wonen en eeuwig had kunnen blijven
Om zulke muziek te horen.

Veel winterkoningen houden net als deze vogel een winterterritorium aan. De lange tangachtige snavel van de winterkoning is speciaal gemaakt om de kleinste spinnen en insecten uit de humuslaag van de bosbodem te pikken. (Wanneer hij dood is, lijkt het winterkoninkje alleen maar uit snavel te bestaan.) Vochtig grasland met heggen is een acceptabel substituut voor een territorium in het bos, en daarom richt een mannetje in de buurt van de wilg bij de sloot met de watersalamanders een lekker stekje in terwijl een andere druk doende is aan de rivierkant van het veld, op de plek waar de bomen de landtong omringen en waar de vorst de aarde niet altijd steenhard maakt.

Ondanks de regen bieden de mannetjes tegen elkaar op met hun trillers, en ondanks de regen bereiden de winterkoninkjes van Groot-Brittannië zich voor met de bouw van hun nesten. Alle zeventien miljoen.

26 maart. Planten onder de heg bij Marsh Field: konijnenoren van uitlopend vingerhoedskruid; zevenblad; brandnetels; hondsdraf, dat al piepkleine paarse bloemetjes heeft; bosbingelkruid met witte bloemetjes; kleefkruid dat aan de stammen van de meidoorn en hazelaars begint te likken; distels die zeesterren lijken te vormen; de schutbladen van de gevlekte aronskelk die ver naar boven uitsteken. In de bodem onder de heg zitten kleine koloniën van woelmuizenholen. Het is er hoog en droog doordat de bodem in de loop der decennia is verhoogd door een humuslaag. In het bosje en het veld begint het gele gewone speenkruid te schijnen.

'Koer-líe. Koer-líe.' Het geluid van de wildernis. Ik wacht al dagen tot ik ze hoor en uiteindelijk komen ze 's middags op 26 maart aanzweven op de wind terwijl ze klaaglijk roepen naar de zielen van de doden.

De wulpen zijn weer thuis. Ik vind het zelf bijzonder vermakelijk dat onze wulpen de winter doorbrengen in West-Wales en dus precies het tegenovergestelde doen als de inwoners van Herefordshire, die daar tijdens de zomervakantie naartoe gaan.

Ik ken een eschatologische betekenis toe aan de wulpen, alsof hun trekgedrag de aarde doet draaien en alsof er een ecologische eindtijd zal aanbreken wanneer ze een keer niet verschijnen. Maar ze zijn weer thuis, thuis om te broeden. Wulpen zijn niet echt kuddedieren in het broedseizoen, en elk paartje heeft heel veel ruimte nodig. Vroeger hebben we een stel gehad dat een nest had in het veld bij de weg, en een stel aan de andere kant van het weiland – veel verder kun je niet van elkaar verwijderd zijn op een oppervlak van zestien hectare.

Een mannetjeswulp zweeft rond en produceert een triller die stijf staat van het vibrato. Binnen twee dagen is hij erin geslaagd een vrouwtje te vinden, en nu cirkelt het wulpenpaartje rond boven het veld om het territorium op te eisen. We houden zielsveel van de spookachtige, fluitende roep van de wulp. Voor ons is die niet alleen het geluid van de wildernis, of van geesten die de doden roepen, maar vooral ook de klank van de lente.

Wulpen leven vijf jaar en zijn gewoontedieren wat betreft hun habitat. Hoogstwaarschijnlijk is een van beide wulpen hier geboren, net als zijn ouders. Ze zijn weer opgevlogen en aan het roepen. De langgerekte dubbele noot van hun roep zou bijna klinken als hun Engelse benaming – *curlew* – als ze de klemtoon op de eerste lettergreep zouden plaatsen.

Het heeft gevroren. Het heeft zo hard gevroren dat het gras zo wit is als plantenbladeren op de bodem van de oceaan. Een lage zon spant zich tot het uiterste in en de bomen langs de rivier werpen langgerekte, platte schaduwen die zich bijna over het hele veld uitstrekken.

Er staan sporen in het witte gras, felgroene paden die zijn veroorzaakt door passerende dieren. De konijnen hebben zich behoedzaam in het veld gewaagd, wat in het gras gekrabd en weer snel hun toevlucht gezocht in hun holen bij de oever.

Maar ze waren niet allemaal snel genoeg. In dit tafereel van paarlemoeren perfectie liggen groengrijze plukken van een konijnenvacht. En bloeddruppels. Ik loop naar het bosje waar de takken nog steeds glinsteren van de rijp en herken de heimelijke pootafdrukken van de vos, die zijn achterpoot precies in het spoor van de voorpoot plaatst.

Ik vermoed dat de rekel een cadeau heeft meegebracht voor zijn moervos, die nu de vossenjongen zoogt. Die avond zie ik hoe hij Bank Field in trippelt en vervolgens tegen de wind in draaft. Hij volgt zijn eigen pootafdrukken in de schemering. (Volgens mij heb ik nog nooit een vos zien lopen, behalve wanneer hij een prooi besloop: net als labradors die onder de tien zijn, rennen ze overal op af.)

Ik herken hem nauwelijks. Zijn prachtige wintervacht is verdwenen. Hij is in de rui en zijn vacht is plukkerig en mottig.

In de sloot met de watersalamanders is het water weer bevroren. Een eenzaam gewoon bootsmannetje (*Notonecta glauca*) is geconserveerd in een kristallen sarcofaag. Het is een tijdelijke graftombe, maar hij is voor altijd dood. De bovenste laag kikkerdril is ook gevangen in het dodelijke ijs.

29 maart. Er komt maar geen einde aan de ellende voor de kikkervisjes. Wanneer het ijs smelt komt de reiger om ze te vangen met zijn dolksnavel. Maar waarschijnlijk voelt hij zich niet op zijn gemak op de drassige bodem van de sloot of vindt hij de kikkervisjes nog niet groot genoeg, want na ongeveer twee minuten geeft hij het op en vliegt hij met vermoeide vleugels weg.

Er is iets prehistorisch aan reigers, die iets oerouds met zich lijken mee te slepen. Wanneer hij met trage vleugelslagen naar Grove Field vliegt, roept hij eenmaal: een krijs uit de tijd van de dinosaurussen die de melancholische lucht doet opschrikken.

De overlevende kikkervisjes in de sloot van de watersalamanders blijven bij elkaar, een dichte zwarte massa. De groep biedt kennelijk veiligheid, al gaat een enkeling dapper op onderzoek uit.

Dat kunstje hebben de lammeren minder goed onder de knie.

Penny en Tris komen thuis en vertellen dat ze een rode wouw hebben gezien die in het veld op een molshoop zat. Maar het was geen molshoop, zagen ze later. Het was een zwart lam, dat door de wouw aan stukken werd gescheurd. Nog geen dertig minuten eerder had het lam vrolijk door de wei gehuppeld.

Wanneer ik door de ijskoude mist kom aangestampt, is de wouw het lam nog steeds met zijn snavel aan het verscheuren. Hij vliegt pas op wanneer ik hem tot ongeveer tien meter ben genaderd en doet dan een halfslachtige poging om het lam mee te slepen, maar slaagt er slechts in hem ongeveer een halve meter te verplaatsen voordat hij weer hooghartig wegvliegt in de richting van de bergen.

De ingewanden van het zwarte lam zijn roze en liggen open en bloot in zijn krullerige jas van astrakan. De hitte stijgt dampend van het lijk op.

Ik draag het dode lam weg aan zijn dunne achterpoten. De oogloze kop met de zware schedel slingert en draait met de groteske bewegingen van een marionet.

Achter de berg ligt het gewone jachtgebied van de rode wouw. In de Middeleeuwen waren er ongeveer evenveel rode wouwen als mussen in Londen en waren ze een graag geziene gast vanwege hun gewoonte om aas te eten en de straten schoon te houden. Na jarenlange uitroeiingspogingen door jachtbeheerders was de vogel tot diep in Wales teruggedrongen en was de rodewouwenpopulatie halverwege de jaren vijftig tot slechts ongeveer honderd paar teruggebracht. Door beschermingsmaatregelen is het aantal gestegen en rukt de rode wouw nu weer op.

Ik zou willen dat de vogel vandaag door de bergwand was tegengehouden.

30 maart. De maand eindigt met een triomfantelijke, heldere lucht.

Tijdens een volmaakte, zilverkleurige nacht waarop de maan voor licht zorgt en de Escley is bedaard tot een verwachtingsvol gemurmel komt er vanaf de rechterkant van het toneel een wit spook over het veld zweven.

Een kerkuil. *Tyto alba*. Hij kijkt me onbewogen aan met zijn witte, platte gezicht. Kerkuilen hebben een ongekend scherp gehoor en speuren niet naar bewegingen, maar luisteren of ze het gepiep van knaagdieren horen. Wanneer de uil bij het bosje komt zwenkt hij naar rechts om vervolgens weer in een rechte lijn over het veld te vliegen. De kerkuil is de uil van het weideland: met zijn asymmetrisch geplaatste oren vangt hij makkelijker geluiden op boven een grasveld dan in het bos, waar hij wordt afgeleid door het geritsel. Vannacht vangt het oor van de uil echter geen geluiden op, en hij keert weer terug naar het bosje. Gewoonlijk jaagt de kerkuil niet bij Lower Meadow omdat hij de voorkeur geeft aan het weiland bij de boerderij, dat uitgestrekter is, maar blijkbaar vraagt de aanhoudende koude van deze maand om uitzonderlijke maatregelen.

Er is onmiskenbaar iets griezeligs aan kerkuilen. In de folklore worden deze spookuilen vaak als onheilsprofeten opgevoerd. Shakespeare heeft ze vaak ingezet voor een dramatisch effect, en nergens beter dan in het vijfde bedrijf van het derde deel van *Hendrik de Zesde*, wanneer koning Hendrik, vlak voordat hij wordt vermoord, tegen Richard van Gloucester zegt: ‘Bejamm’ren ’t uur, dat gij geboren werdt,/ Toen schreeuwde de uil, een onheilspellend teeken.’

De maan verdwijnt achter een enorme wolk. Ergens in de duisternis van het bosje laat de kerkuil onmiddellijk zijn territoriale roep horen. Maar kerkuilen roepen niet. Ze krijsen. Ze gillen. Met de wanhoop van een stervend kind.

Aan de overkant van de Escley, in het bos van de oude groeve, laat de bosuil zijn geruststellende 'o-iet' horen.

April

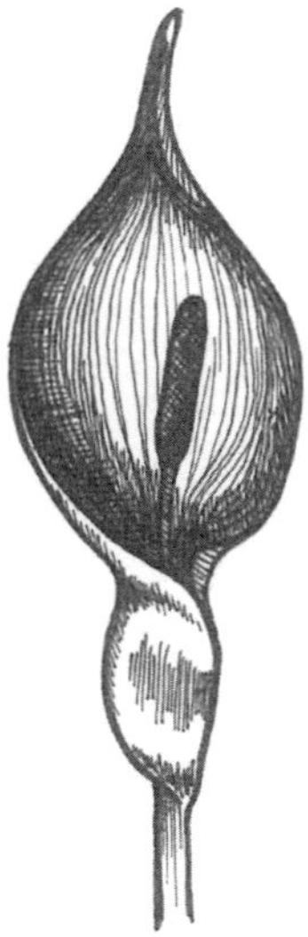

Gevlekte aronskelk

Bijtende wolken spoelen over de berg, en het veld wordt gehuld in de duisternis die voorafgaat aan een storm.

Er is één lichte plek. Op deze dag, 2 april, bloeit in het veld de eerste pinksterbloem, die met zijn zachtroze bloemhoofdje in de aanzwellende wind knikt.

Een plant die een groot aantal plaatselijke bijnamen heeft, is waarschijnlijk nuttig voor de mens, als voedsel of als geneesmiddel. De pinksterbloem heeft minstens dertig plaatselijke bijnamen, waaronder *lady's smock*, *milkmaids*, *lady's mantle*, *lady's glove* en *cuckoo's shoes*. Die laatste naam, 'koekoeksschoenen', verwijst waarschijnlijk naar zijn gewoonte om te bloeien op het moment dat de koekoek verschijnt, of is een toespeling op zijn vage gelijkenis met damesondergoed dat aan een waslijn hangt. De naam *meadow bittercress* ('weidebitterkers') is het bruikbaarst, want de dunne blaadjes van *Cardamine pratensis* zijn een peperachtig kruid dat in de Middeleeuwen op marktkramen werd verkocht. Wanneer hij niet door mensen wordt opgegeten, is de pinksterbloem het voedsel van de rupsen van het oranjetipje.

Cardamine pratensis deelt een landelijke bijnaam, *cuckoo pint*, met een geheel andere bloem, namelijk de gevlekte aronskelk (*Arum maculatum*). Alle populaire benamingen van de gevlekte aronskelk zijn van het suggestieve, scabreuze soort. In dit geval is *cuckoo pint* afgeleid van *cuckold* en *pintle*, dat wil zeggen 'penis'. In zijn boek *An Englishman's Flora* geeft Geoffrey Grigson een lijst met maar liefst negentig suggestieve bijnamen van *Arum maculatum*, waaronder *cuckoo cock*, *dog cocks*, *kings and queens*, *parson's billycock*, *stallions and mares* en *wake robin* (Robin was het middeleeuwse equivalent van 'Dick'). Zulke namen zijn pikante herinneringen aan de Britse plattelandshumor.

De glanzende hellebaardachtige bladeren van de plant (met ontsierende zwarte pokkenvlekken) zijn al ongeveer een maand te zien in de heggen, maar nu is de bruine fallische spadix... opgezwollen. Het is de potloodventer in de heg. Wanneer het binnenkort warm wordt, komen de muggen, die worden aangetrokken door de vlezige geur van de spadix, vast te zitten in de buitenste suggestieve kolf waar deze uit tevoorschijn komt. De muggen bevruchten de verborgen bloemen, die op hun beurt in het najaar verleidelijke oranje bessen zullen worden. Wanneer de kolf 's nachts losser wordt kunnen de muggen weer ontsnappen.

Van de knollen werd vroeger een liefdeselixer bereid. In het toneelstuk *Love's Metamorphosis* uit 1601 van John Lyly zegt een van de personages: 'Ze hebben zoveel aronskelk gegeten dat ze niet kunnen slapen van de liefde.' Maar ongeacht hun effectiviteit als middeleeuwse viagra werden de knollen van de plant, een soort pijlwortels, vroeger bereid en gebakken en verkocht als Portland Sago. Ze waren het voornaamste ingrediënt van *salep*, een drank die voor de introductie van koffie en thee populair was bij de arbeidersklasse.

Gilbert White schreef dat lijsters in bijzonder strenge winters de wortels aten, en de bessen worden door verschillende soorten vogels verslonden, vooral door fazanten. Geen dier waagt zich echter aan de bladeren. Ze geven blauwzuur af wanneer ze worden geknakt.

Regendruppels talmen, glinsteren, houden zich vast aan de kling van het gras. Ze doen het beter dan een bronzen kever die in een grasspriet klimt, valt, klimt, valt, en nooit in zijn opzet slaagt.

Een dagpauwoog fladdert rond in het voorjaarsbriesje en zuigt nectar van de pinksterbloem. De vlinder spreidt zijn vleugels tijdens het eten en toont zijn opzichtige oogvlekken. Ze kijken uit over het veld, maar in werkelijkheid zijn het middelen om roofdieren af te schrikken. Het zijn redelijke imitaties van de ogen van een reusachtige vogel, van een vliegend monster. De bontgekleurde dagpauwoog wordt nooit lastiggevallen door vogels, zelfs niet wanneer hij zich uitdagend opwarmt op een platte steen.

Vogels vliegen constant de heg in en uit omdat ze druk aan hun nesten bouwen. Vinken. Koolmezen. Pimpelmezen. Roodborstjes. Ze zoeken de verscholen dieptes op omdat de heggen nog niet in blad staan. Een geliefd bouwmateriaal, zo valt me op, zijn de gedroogde stengels van het gras in het weiland. Door de nesten van de vogels worden het veld en de heg onzichtbaar met elkaar verbonden. Het zonlicht wordt kortstondig weerkaatst door de gladde vrouwenhuid van de hazelaar.

Ik ben niet de enige in het weiland die op het land aan het werk is. In het wilde gras naast de sloot bij Grove Field zijn drie heuvels van gele weidemieren. Je kunt wel zo'n beetje berekenen hoe oud een mierenhoop is. De methode is vaag, maar geeft in elk geval een redelijke indicatie. *Lasius flavus* leeft ondergronds en brengt ongeveer een liter afval per jaar omhoog; uit dat afval ontstaat de heuvel. De kolonies naast de sloot zijn ongeveer vijf jaar oud; de mierenhopen in Bank Field waaruit de vliegende mieren zijn weggevlogen voor hun zomerse veroveringstochten zijn ongeveer twintig jaar oud. In het steilste deel van Bank Field zitten zoveel mierenhopen dat het haast lijkt alsof de aarde puisten heeft.

Aarde uit het nest van weidemieren is het fijnste zand dat er is omdat de werkmieren ieder los zandkorreltje uitgraven en vervolgens naar zijn plek op de top van de hoop dragen, waarbij ze alle stenen en troep achterlaten. Er groeien een paar grassprieten uit de kale koepel van aarde, als haren op het hoofd van een eerbiedwaardige kapelaan.

De hoop vangt nogal wat zon omdat hij zich boven de grond bevindt: de mieren gebruiken hem als kraamkamer en crèche en dragen de eieren zelfs door het netwerk van tunnels naar de warmste kant van de hoop. Voor de mieren is het wel nogal spijtig dat de heuvels door het fijne zand en hun verheven positie een nogal zwakke bescherming tegen roofdieren bieden. In het voorjaar breken dassenzeugjes de grote hopen in Bank Field soms met woeste vegen van hun poten open omdat ze op zoek zijn naar mierenlarven of, nog beter, de eieren.

Een van de gehavende mierenhopen in het weiland is echter niet door een das aangevallen; daarvoor is er niet genoeg schade aangericht. De boosdoener is een groene specht, die met zijn snavel in de mierenhoop heeft gepikt en ongeveer de helft van de koepel heeft verwoest. In de geest van het wetenschappelijk onderzoek (maar met het knagende gevoel dat ik vandalistisch bezig ben) zet ik een schep in de verwoeste hoop, ongeveer vijf centimeter per keer, en graaf ik door de kamers en gangen. Ik ben veel te onvoorzichtig en moet mijn tempo vertragen tot dat van een archeoloog. De mieren zelf pakken doodgemoedereerd hun eieren op, alsof het een volstrekt normaal en alledaags verschijnsel is dat hun huis door het metalen blad van een schep doormidden wordt gehakt.

Uiteindelijk vind ik wat ik zocht. In een ondergrondse kamer ter grootte van een munt van tien pence bevindt zich een kleine kudde grijze wortelluizen. Deze worden opgesloten door de mieren en 'gemolken' voor de suiker of 'honingdauw' die ze uitscheiden. De wortelluizen zelf eten van de wortels van planten in de wanden en het plafond van de kamer. Iedere ondernemende boer zou groen zien van afgunst bij dit soort intensieve veehouderij, omdat de wortelluizen selectief worden gefokt; naar alle waarschijnlijkheid zijn de wortelluizen in deze kamer klonen van een goede 'melkwortelluis', een insectoïde Holsteiner.

Weidemieren zitten vol verrassingen. Ze kunnen ongeveer twintig jaar oud worden, en in droge gebieden in het laagland nemen ze de larven van het bleek blauwtje mee naar hun nest om ze daar groot te brengen.

Weidemieren zijn niet echt geel; ze zijn lichtbruin, als thee die door een grootmoeder is gezet.

Op 12 april is de bloeiende stinkende gouwe zo felgekleurd dat ik het gevoel heb dat ik door een sterrenveld loop wanneer ik 's avonds door het weiland wandel.

De bloemen staan nu volop in bloei. De eerste boshyacinten barsten open in het bosje, en binnen een week komt de silene uit onder de heg, en daar is ook de verlegen muurbloem.

Vliegen walsen door de warme lucht. De grondtemperatuur is steeds boven de zes graden, wat gras nodig heeft om te groeien. Er is nog iets nodig om gras groen te laten worden: afhankelijk van de soort hebben weidegrassen tussen de tien en vijftien uur daglicht nodig om te groeien.

Laat op de avond sta ik midden in het veld. Iemand heeft de wolken tot een soort melkpudding geroerd.

Ik zit langs de oever van de existentiële rivier. Stroomopwaarts bij het poeltje waar de bomen hun takken boven het water laten hangen, zit een waterspreeuw op een rots die met algen is bedekt. Wat een kanarie is voor een kolenmijn zijn deze leden van de lijsterfamilie zo'n beetje voor een rivieroever. Bij een schone rivier als de Escley, met zijn overvloed aan schaaldieren, larven en vissen, wordt de waterspreeuwendichtheid zo hoog als het maar zijn kan, en de tweehonderd meter rivier langs het weiland kan een paar waterspreeuwen van voedsel voorzien. Op de steen zit het mannetje. Ik weet dat hij me heeft gezien want hij is aan het 'dippen' – op en neer aan het wippen met zijn kop om met zijn opvallende witte borst te pronken. Daarmee probeert de vogel tegen een roofdier te zeggen dat hij is gezien en geen kans zal krijgen voor een verrassingsaanval.

De waterspreeuw duikt het poeltje in, op een bevalliger manier dan je zou verwachten van een vogel die verdacht veel op een merel lijkt, en duikt op met een tegenstribbelende rivierdonderpad. De vis is bij zijn staart gegrepen en sterft een gewelddadige dood wanneer zijn kop tegen de groene rots is ingeslagen.

Wanneer de prooi doodstil op de steen ligt, tilt de waterspreeuw hem op en slokt hij hem op door de kop in zijn keel te laten glijden. Met een slag van zijn vleugels suist de vogel vervolgens stroomafwaarts naar het ondiepe water dat glazig en koud over de kiezels stroomt. De vogel loopt door het stromende water en blijft stilstaan om monomaan te turen. Een tyrannosaurusachtige flits van zijn snavel en een kokerjuffer, de larve van een schietmot, wordt uit het glinsterende water geplukt. Met zijn stekelige vangst in zijn snavel vliegt de waterspreeuw de bocht om, naar zijn bemoste nest aan de oever, waar hij de kokerjuffer in de snavels van de wachtende babywaterspreeuwen zal duwen. Toen we hier vijf jaar geleden kwamen wonen, gebruikten de waterspreeuwen dit nest in een inham van het zandsteen tussen de wortels van de iep al. Voor zover ik weet wonen er al tientallen jaren waterspreeuwen in het nest, misschien zelfs al een eeuw of langer. Het zijn vogels met gevoel voor traditie die opeenvolgende generaties hetzelfde nest gebruiken.

April: de maand waarin alles groen wordt, de tinten groen verschieten, alles blad krijgt en begint te groeien. Wanneer ik bij de heg van Bank Field neerhurk en vanuit het perspectief van een waterpas naar de rivier kijk, lijkt het alsof de bodem van het veld vijf centimeter is gestegen. Ik blijk het vrij aardig te hebben geschat. Ik heb mijn liniaal bij me. In de groeispurt van de afgelopen twee weken is het gras iedere week ongeveer tweeënhalve centimeter gegroeid. Achter me in Bank Field laten de ooien en de lammeren zich het gras goed smaken en gaan de lammeren ervandoor om een spelletje te spelen op de stam van de omgevallen iep, die daar ligt als het weggegooide bot van een hond dat in de loop van de afgelopen dertig jaar nooit eens is weggehaald. Een van de onbedoelde milieuvoordelen van mijn gemakzucht is dat de omgevallen iep nu onderdak biedt aan een groot aantal keverkolonies. De vossen hebben ze al uitgegraven, zoals blijkt uit de dekschilden (elytra) in hun poep op de graspollen bij het hek die glimmen in de laatste zonnestralen.

Na een tijdje realiseren de jeugdbendes van de onschuldige lammeren zich dat ze van hun moeder zijn gescheiden en beginnen ze klaaglijk te blaten. In de hele vallei nemen lammeren de alarmroep over, zodat het geblaat tegen de heuvel weergalmt.

De victoriaanse naturalist W.H. Hudson kon moeiteloos een hele voorjaarsdag het gras bewonderen, 'om me er weer over te verheugen, na de lange wintermaanden, om mijn geest ermee te voeden. [...] Dat was het enige wat ik nog wilde zien.'

Met zijn lengte van ongeveer zestig centimeter en zijn buitensporig lange, kromme, naar beneden gebogen snavel is de wulp een forse en opvallende waadvogel. Wanneer je hem echter in een veld zet, verdwijnt hij met een houdiniachtige truc. Ik moet het veld een paar keer afspeuren met mijn verrekijker voordat ik zie hoe het vrouwtje aan een pol droog gras staat te trekken. Het mannetje heeft al een ondiepe kuil gegraven in een stuk gras op ongeveer twintig meter van de heg. Hij heeft zijn klus echter een beetje afgeraffeld, wat een man wel begrijpt, maar een vrouw afkeurt.

Twee dagen later zit ze wel op haar eieren. Ik knoop een witte lap aan de heg achter het nest zodat ik het later weer kan vinden.

Ik heb een soort observatiepost aan de onderkant van de verste heg ingericht, in de gelijkbenige driehoek van ongeveer een vierkante meter die een gat in de hazelaar vormt en waar de brandnetels woekeren en de schapen beschutting zoeken tegen de zon. In ieder veld zou een verwaarloosd hoekje moeten zijn. Ik kan wel door de takken van de rottende hazelaar turen en bijna het hele veld zien, maar juist wanneer ik in dit verwilderde hoekje zit, ben ik me het meest bewust van de nabijheid van de schoonheid en de schoonheid van het nabije. Het scherm van de hazelaar dwingt me om me op mijn directe omgeving te concentreren. Er hangt een hoestsiroopachtige geur van hondsdraf en er zijn dwarrelende zwarte vliegjes die zo klein zijn dat ik ze nauwelijks kan zien en waarvan ik de naam niet weet en ook nooit zal weten. De stengel van de hondsdraf kringelt omhoog in een volmaakte helix. Dan zie ik de lila-achtige tint van het bosviooltje (dat niet geurt) en de bleekgroene stengels van het look-zonder-look, dat beter de naam bonenstaak zou kunnen krijgen. Maar wanneer je een blad wrijft weet je meteen waarom de plant look heet. Heb je er ooit bij stilgestaan hoe volmaakt de rondingen van de tangachtige aanhangsels van de oorwurm zijn? Of dat zijn lichaam amberkleurig lijkt?

Ik ben geobsedeerd door mijn eigen gevangenis. Door de tralies van de takken en voorbij de bewegende lichtvlekken merk ik echter wel de aanwezigheid van de vos op omdat het roofdier zich altijd met zijn bewegingen verraadt, net als de prooi trouwens. De vos weet dat de wulp zich ergens in het veld ophoudt. Hij staat stil, snuffelt en staart. De wulp verroert zich niet. De wulp is bijzonder smakelijk en was vroeger zowel bijzonder geliefd aan de eettafel als in het vossenhol. Volgens de poeliersprijzen die in 1275 op bevel van Edward de Eerste waren vastgesteld kostte een wulp drie pence per gekromde snavel.

De vos slaagt er niet in de wulp op zicht of geur te lokaliseren. En hij verdwijnt snel met zijn staart tussen zijn poten, vol afschuw over zijn eigen falen.

16 april. Aantekening op een briefje dat ik 's ochtends tijdens een wandeling door het veld met de honden in mijn zak heb gestoken: 'Meer stengelloze sleutelbloemen uit aan de zuidkant. Fluitende zwartkop & ook de tjiftjaf.' Dit zijn de eerste trekvogels die in de zomer het veld aandoen. De tjiftjaf blijft niet en trekt weer verder. De zwartkop zingt vanuit de top van de heg in Bank Field en kan er ook niets aan doen dat mijn hart van bewondering een slag overslaat. De complexiteit van de zang van de zwartkop is perfect omschreven door de Franse componist (en ornitholoog) Olivier Messiaen, die het heeft gebruikt als het muzikale symbool voor zijn opera *Saint François d'Assise*. 'Ik moest,' schreef Messiaen, 'akkoorden van iedere noot invoegen om het speciale timbre, dat heel opgewekt is en rijk aan harmonieën, om te zetten.'

De zwartkop doet zijn bijnaam 'noordelijke nachtegaal' eer aan. Behalve in dit opzicht: de alarmroep van de vogel is een scherp 'tektek', alsof er twee kiezels over elkaar worden geschraapt. De hele zomer 'tekt' de zwartkop naar mij en naar de schapen met de halsstarrigheid van een lekkende kraan.

Van alle zomerzwaluwen is de boerenzwaluw de vogel die de meeste tijd doorbrengt met kwetteren boven het veld, en op de twintigste zie ik dit jaar mijn eerste zwaluw met het roestbruine gezicht. Gierzwaluwen en huiszwaluwen cirkelen ook boven het veld, maar foerageren hoger; het gebrek aan hoogvliegende insecten verklaart waarom de gierzwaluw zo kort in Groot-Brittannië blijft. Door de regen van vandaag zijn de insecten gedwongen laag te vliegen, en de eerste boerenzwaluw van de zomer doet waar zwaluwen goed in zijn, namelijk ragfijn en elegant vlak boven de grasprieten achter zijn gevleugelde prooien aan scheren. (De mannelijke boerenzwaluwen met de langste buitenste staartpennen zijn toevallig het aantrekkelijkst voor de dames.)

Het fijngevoelige moment wordt wreed verstoord door twee Canadese ganzen, die gakkend overvliegen en in het meer iets verderop in het dal landen. Het zijn vulgaire vogels zonder enig gevoel voor subtiliteit, en ze gedragen zich als geërgerde automobilisten tijdens een verkeersopstopping in Los Angeles.

De Fransen noemen de gele kwikstaart *bergeronnette*, herderin, en de vogel volgt ook werkelijk de schapen in de hoop insecten te vinden die door de gespleten schapenhoeven aan de oppervlakte zijn gebracht. Hij is veel gelukkiger in Marsh Field, waar niet alleen schapen zijn, maar ook hectares zachte grond. Een paartje broedt daar in de zegge en fladdert soms naar het weiland om het drassige stuk grond te onderzoeken. Het mannetje zit graag in de heg te zingen – als je het tenminste zingen kunt noemen. Hij heeft misschien het gele verenkleed van een kanarie, maar niet zijn stemgeluid. Het enige wat hij weet uit te brengen is een indringend 'tswie'.

Ze rennen op een even bevallige manier als feeën, en tijdens het jagen is het mannetje een betoverende gouden flits in het gras. Ze zijn aangekomen op een onstuimige vrijdag aan het einde van de maand maart, maar nemen warmte mee naar elke plek waar ze komen; vandaar hun plaatselijke bijnaam 'de zonnevogel'. Tegenwoordig hebben vogels nauwelijks nog bijnamen. Vogelnamen zijn gestandaardiseerd en gehomogeniseerd, opgedeeld in ordes die wetenschappers geschikt achten voor classificatie. Een eeuw geleden had een vogelaar aan de hand van de plaatselijke bijnaam van de staartmees nog kunnen zeggen in welk graafschap of zelfs welk dorp hij was. In zijn *Treatise on the Birds of Gloucestershire* verzamelde W.L. Mellersh niet minder dan tien plaatselijke namen voor *Aegithalos caudatus*, de staartmees, waaronder *Long Tom*, *oven-bird*, *poke-pudding*, *creak-mouse*, *barrel Tom* en, in het zuiden van het graafschap, *long farmer*. Voor John Clare had de staartmees in Northamptonshire de prachtige bijnaam *bumbarrel*.

18 april. De boshyacinten zijn in groten getale uitgekomen in het bosje en zorgen voor een blauw waas op de ondergroei, een doorlopende mat van zuring, stinkende gouwe en bosanemonen (die helaas alweer aan het verwelken zijn).

De graspieper vliegt op vanaf een paal van het hek en stijgt fladderend op tot twintig meter, tot hij heel dicht bij de top van de jonge eik is en steeds sneller zijn psiep-psiep-psiep-lied begint te fluiten. Daarna daalt hij angstig op halfgespreide vleugels en zingt een afsluitende, toonloze triller. Het is nauwelijks vogelzang te noemen wanneer je het vergelijkt met de vreugdevolle overdaad van de naburige veldleeuwerik. Maar ik leef met hem mee: ik kan ook niet fluiten.

En dan daalt de mist neer om een deksel op het dal en zijn bezigheden te doen.

De voorjaarspronkridder (*Calocybe gambosa* of *Tricholoma georgii*) is een van de eerste paddenstoelen die verschijnt en steekt meestal op 23 april, de feestdag van de beschermheilige van Engeland, Sint-Joris, zijn crèmekleurige hoed op in het groene gras. Daarom heet de paddenstoel in het Engels *St George's mushroom*. Door de opwarming van de aarde is hij steeds vroeger te zien, maar de aanhoudende koude van dit voorjaar heeft hem ertoe aangezet om zich aan zijn historische kalenderdatum te houden. Op 22 april zie ik een heksenkring van de paddenstoelen op de gebruikelijke plek, ongeveer zes meter vanaf de noordelijke heg van Bank Field. Met zijn half bolronde hoed en goed geproportioneerde steel, die allemaal heel klassiek aandoen, is de voorjaarspronkridder eerder aantrekkelijk dan mooi. Hij ziet eruit alsof hij goed te eten is, en dat is hij ook. En wanneer ik met mijn neus bij de grond snuffel als een truffelhond, constateer ik dat hij ook lekker ruikt. De paddenstoel ruikt naar meel.

Er was vandaag onverwacht bezoek in het veld. Toen ik vanochtend in de mist langs de oever liep, slaakten de merels hun vloeibare alarmkreten. Toen: minachtende wespengele ogen. Geschubde gele poten. Zwarte stalen klauwen. Al die dingen flitsten voor mijn neus langs.

Ik weet niet wie verbaasder was, de vrouwtjessperwer of ik, toen zij boven de heg verscheen. Ik kon de ademtocht van haar vleugels voelen toen ze boven mijn hoofd klapwiekte en vervolgens wegvloog als een trage grijze kogel.

Ik was in elk geval banger: de sperwer is ongeëvenaard op het gebied van kwaadaardigheid. Ze staan permanent in de aanslag, zijn altijd gevaarlijk. Toen de eerste wapensmeden een naam voor een klein vuurwapen zochten, kozen ze de in de valkerij gangbare benaming voor een mannelijke sperwer: een musket. Maar het vrouwtje van de soort is nog dodelijker: ze is tien centimeter groter dan de musket en kan een vliegende duif zo uit de lucht plukken.

Ik zie misschien vijf keer per jaar een sperwer op de boerderij, gewoonlijk in de zomer, wanneer ze een opstijgende veldleeuwerik of graspieper achternazitten en zo op een mooie maar nogal dommige manier hun aanwezigheid verraden. Vandaag heeft de sperwer laag en snel in de buurt van de heggen gejaagd en een roofoverval op de vinken gepleegd; op het gras ligt het stoffelijk overschot van de vogel in een kroon van geplukte veren. Sperwers zitten op hun neergehaalde prooi en doorboren het lichaam met hun klauwen, en als dit niet volstaat om de prooi van het leven te beroven, hakken ze met hun snavel in zijn nek. De vogel die op het menu staat wordt aan de bovenkant van de borst kaalgeplukt, zoals mensen die voor een operatie worden geschoren. In dit naakte vlees steekt de sperwer zijn haaksnavel zodat hij aan zijn vraatzuchtige operatie kan beginnen.

Soms jaagt er een valk boven het veld, soms de rode wouw, en ik heb wel eens een smelleken gezien. Van de dagactieve roofvogels zijn echter vooral de buizerds uit het bos bij de groeve geregelde bezoekers. Boven me vliegt nu een buizerd zijn surveillanceronde. Dit is zijn jachtgebied. Zijn stuk grond. Mijn stuk grond. Dit veld is de plek waar we allebei leven.

22 april. Er zijn nu zoveel pinksterbloemen dat de drassige hoek op een stad van lichten lijkt. De aangekomen boerenzwaluwen jagen niet meer boven een groene zee, maar scheren boven een bloemenweide. Het akkervergeet-mij-nietje, met zijn knalgele oog dat wordt omringd door lichtblauw, is ook tevoorschijn gekomen. De dagen van de wilde bloemen zijn aangebroken.

Nacht in het veld. Aan de horizon in het zuiden een afzichtelijke vlek van stadslichten. Verder is de nacht zo donker als het zwart van een ver sterrenstelsel, het oorspronkelijke zwart van het universum.

Er verschijnt een paar koplampen op de weg die over de ruggengraat van de heuvel loopt. Auto's zijn echter nog zo schaars dat ze romantisch zijn, alsof de mensen die erin zitten onderweg zijn voor een of andere geheime missie. Daarna verschijnt de melkvrachtwagen, altijd keurig op tijd, maar helemaal uit de tijd. De melkveehouderijen in het dal zijn een voor een gesloten. Waarom zou je nog melk produceren wanneer je zelfs op 'intensief' gras en met Frankenstein-koeien met overontwikkelde uiers per liter slechts een penny winst maakt?

De nacht wordt weer aardedonker. In de oude groeve aan de overkant krijst een konijn als een speenvarken wanneer het door een stel kaken wordt gegrepen. De vossen of dassen lopen rond. Ik trek me verder terug in de heg.

Wanneer je bijna niets ziet, wordt je gehoor scherper. (Later hoor ik zelfs de bosuil, die rondvliegt voor de jacht.) Op het veld hoor ik heel licht geschuifel. Ik doe mijn zaklamp aan, en daar is hij. Een mol. Een mollenpup, die door het gras en de bloemenzee kruipt.

Wanneer mollenjongen vijf weken oud zijn, worden ze door de zeug uit het nest verjaagd en gedwongen zelf een huis te zoeken in nabijgelegen tunnels, door bestaande gangen in te pikken of nieuwe tunnels te graven. De zeug is het na een tijdje ook zat dat haar nageslacht zo dicht in de buurt woont, en dan volgt aan het einde van de zomer een tweede diaspora, waarbij de mollenjongen honderden meters van het moederlijke hol op zoek moeten gaan naar een eigen huis. De huisuitzettingen vinden bovengronds plaats, en daardoor lopen de jonge mollen kans gegrepen te worden door een roofdier. Roofdieren genoeg. Mollenjongen zijn zeer geliefd bij uilen, vossen, dassen, wezels, hermelijnen en bij de bunzing die verderop in de straat woont.

Het is niet waar dat mollen blind zijn. De mol schrikt van het licht van mijn zaklantaarn. Hij kruipt niet verder en snuffelt met zijn snuit. Ik doe de zaklantaarn weer uit en laat de mol zijn weg vervolgen. Zwart in zwart.

Waarschijnlijk ben ik de beschermengel van de mol. Toen ik de zaklamp weer aandeed verlichtte hij twee gele ogen die zich slechts enkele meters achter de mol bevonden. De moervos. Ze draaide zich om en liep hooghartig weg, zich bewust van haar macht. Zij hoeft maar één keer geluk te hebben, maar de mol moet de hele tijd geluk hebben.

De daaropvolgende avonden verlaten alle jonge mollen het nest. Het rare is dat ik er niet in slaag het fort te vinden, de grote molshoop waaronder de zeug haar nest met gras en bladeren heeft ingericht. Die moet toch ergens in de diepte van de heg van Marsh Field verscholen zijn. Het lijkt erop dat niet alle geheimen van het veld aan me onthuld zullen worden.

24 april. Op de een of andere manier biedt de huiszwaluw, die twee keer per jaar een gevaarlijke reis onderneemt en juist hier zijn huis bouwt, alsof deze plek perfect is, een bijzonder opbeurende aanblik.

Ook Shakespeare had een zwak voor de zwaluw, die hij als een symbool van weldadigheid zag:

> De zomergast,
> de zwaluw die in kerken huist, bewijst
> door hier zijn nest te bouwen dat de wind
> hier heerlijk ruikt: geen steunmuur, richel, fries,
> geen mooi verborgen hoekje, of die vogel
> hangt er zijn bed op en zijn wieg voor jongen.
> Ik heb gemerkt dat, waar hun broednest ligt,
> de lucht het zuiverst is.

Zwaluwen hebben een proustiaans vermogen om dingen in je geheugen op te roepen. Ik hoef maar een huiszwaluw te zien en ik ben weer in het huis waar ik ben opgegroeid, in mijn slaapkamer, waar mijn ramen openstaan en ik met mijn hoofd naar buiten hang en naar de kwetterende, onderzoekende huiszwaluwen kijk die hun vernuftige nesten van modder bouwen onder de wit geschilderde dakranden.

Voorjaarsbuien? Ik zou het prima vinden als het bij voorjaarsbuien bleef, ik zou alles wel prima vinden, behalve deze aanhoudende stortbuien aan dit doorweekte einde van de maand. Gelukkig is Thomas Hardy's lijster nogal opgewekt van aard en zingt hij zijn morgenzang vanuit de top van de vlier. Misschien weet hij dat het beter weer wordt. Het veld is niet zomaar drassig, maar staat helemaal blank onder een laag van tweeënhalve centimeter water. Wanneer het dit soort weer is, maken boeren flauwe grappen over de rijst die ze gaan verbouwen omdat ze nu rijstvelden hebben. Twee grote zaagbekken landen op de rivier om mij aan de waterigheid van de wereld te herinneren, en wanneer ik met Freda door het veld loop, vliegt er een rare vogel langs, ter hoogte van ons hoofd. 'Een vliegende kip!' zegt Freda lachend. Nee, het is geen kip, maar een fuut, de eerste die ik hier heb gezien.

Echte seizoenen met echt weer kennen geen geleidelijke ontwikkeling. Ze stoppen en beginnen weer opnieuw.

Mei

Wulp

Mei is vernoemd naar Maia, de Romeinse godin van de groei. De toenemende warmte van de zon leidt ook werkelijk tot leven. De vergroening is opeens onstuitbaar, overweldigend en heerlijk angstaanjagend. Na een groeistuip is het gras in het weiland op 3 mei opeens ongeveer dertig centimeter hoog, en wanneer ik op mijn buik ga liggen en op mijn ellebogen steun, drijf ik in een knalgroene zee waarin iemand confetti van bloemen heeft gestrooid. Nu ben ik ook in Hudsons 'voorjaarsgrasstemming'. Ik haal de koeien uit hun winteronderkomen en breng ze naar Marsh Field, slechts twee dagen na de traditionele dag om het vee in de zomerweiden te laten. Ze hebben de voorjaarskolder in hun kop en rennen rond terwijl ze graspollen opwerpen. Dit noemen we de koeiendans, de dag waarop het vee weer naar buiten gaat om in de kniehoge meibloemen te grazen.

En in het weiland ontvouwen de gewone sleutelbloemen hun hoofdje, dat op een bonnet uit de Regency-periode lijkt. Als bloemen hebben ze geprofiteerd van nuttig historisch geheugenverlies; het *slip* in hun Engelse naam *cowslip* komt van het Oudengelse *cu-sloppe*, ofwel *cow slop*, koeienpoep. De elegante citroengele *Primula veris* groeit inderdaad het best in weilanden waar koeien hun staart optillen.

De lucht schreeuwt. De gierzwaluwen wervelen om het huis op hun mechanische vleermuizenvleugels tot het tijd is om naar bed te gaan. Ze zijn gisteren aangekomen.

5 mei. Al wekenlang speuren mijn oren naar het geluid van de koekoek uit Afrika. 'Was dat een koekoek?' vraag ik steeds, aan mezelf, aan iedereen, telkens wanneer ik een halve maat van een bijzonder melodieus koerende houtduif opvang. Maar wanneer ik vandaag op mijn oceaan zwem hoor ik, zonder enige twijfel, een koekoek, beneden in het dal.

Ik hoor deze koekoek slechts één keer, maar een eeuw geleden beschreef Hudson het volgende tafereel in de heuvels boven Buxton:

> Vanaf half vier riepen ze [de koekoeken] zo hard en zo aanhoudend en met zovelen vanuit bomen en vanaf daken dat ze de slaap vanaf dat tijdstip uitbanden. De hele dag koekoekten ze op de hei en vlogen ze traag en doelloos rond met snel klapwiekende vleugels, waardoor ze eruitzagen als futloze haviken.

De achteruitgang van de koekoek, die best een halt toegeroepen had kunnen worden, heeft uiteindelijk hiertoe geleid: in een voorjaar hoor ik één enkele keer één enkele koekoek in een heel dal. De koekoek staat nu op de rode lijst van de broedvogels. Welkom in het koekoekloze voorjaar.

De graspiepers in Lower Meadow zullen in elk geval opgetogen zijn over de achteruitgang van de koekoek, aangezien de koekoek zijn Trojaanse ei bij voorkeur in het nest van de graspieper legt. De graspieper wordt zelfs zozeer in verband gebracht met zijn rol als de nietsvermoedende pleegouder van de parasiterende koekoek dat de vogel in het Welsh *Gwas y Gog* (koekoeksknecht) heet.

De graspieper is de sufferd van de vogelwereld, het slachtoffer van de geniepige oplichter die de koekoek is en de prooi van het charismatische smelleken, de blauwe kiekendief en de sperwer. Vossen en wezels eten hun eieren op. Maar ik ben het met Hudson eens dat iemand die de gevlekte vogel 'door het gras en op de hei ziet scharrelen op zijn mooie roze pootjes en ziet hoe hij hem aankijkt met zijn grote donkere ogen vol verlegen nieuwsgierigheid en zijn pieperige gekwinkeleer hoort [...] wanneer hij steeds verder omhoog vliegt, wel van de graspieper moet houden – de arme, kleine, gevederde dwaas'.

Er zijn twee graspiepernesten in het veld, allebei met vier donkerbruine eieren in hun kom van gedroogd gras. Deze worden dertien dagen uitgebroed. In beide gevallen werd mijn aandacht op de nesten gevestigd door de hoffelijke mannetjes die eten naar de broedende vrouwtjes brachten. De maaltijden bestonden voornamelijk uit spinnen, motten, larven en rupsen, die bijna allemaal binnen de grenzen van het veld waren gevangen.

Net als de koekoek gaat de graspieper achteruit. De landelijke afname van de graspieper is zelfs een van de vele redenen voor de achteruitgang van de koekoek. Er is een groot aantal veelvoorkomende vogels uit mijn jeugd op het platteland in gevaar. In Engeland is de ringmussenpopulatie met eenenzeventig procent afgenomen, de kievit met tachtig procent, en die enorme zwermen spreeuwen waarnaar ik keek wanneer ze naar de warme avond van Birmingham in het noorden trokken, zijn een verschijnsel uit het verleden.

April en mei zijn de maanden om naar het ochtendkoor te luisteren, want dan zingen de mannetjesvogels om de vrouwtjes te verleiden en hun territorium af te bakenen. Hoe langer en hoe welluidender het lied, hoe groter de kans dat de mannelijke vogel een vrouwtje vindt.

Het concert begint om kwart over vier, voordat de zon opkomt boven Merlin's Hill. Wanneer je in je eentje in een veld in Engeland staat en naar het ochtendkoor van de vogels luistert, weet je weer waarom het leven waardevol is. Ik sta daar in mijn ochtendjas en rubberlaarzen en heb me niet geschoren, maar geen van de uitvoerenden schijnt zich er druk om te maken dat ik niet ben gekleed voor een concert. De vogels zingen in deze volgorde: de zanglijster vliegt naar de top van de es en zingt, om Brownings woorden te gebruiken:

Elk lied twee keer,
Opdat je niet denkt dat hij dat eerste verlangen
Niet nogmaals in een lied kan vangen!

De zanglijster wordt gevolgd door het roodborstje en een merel, ook aan de kant van de rivier, en daarna door de winterkoning met de bruine strepen bij de sloot van de watersalamanders, de pimpelmezen, de vink, een heggenmus, de zwartkop, een fazant, allemaal met op de achtergrond het gekwetter van de kauwen die boven de vervallen schuur bij het bosje door de lucht dartelen. Een veldleeuwerik vliegt op en ook twee mannelijke graspiepers zingen tijdens het opstijgen.

Ik zal proberen jullie enthousiasme te wekken voor het ochtendkoor. Als je in mei met zonsopgang opstaat, kun je genieten van de wereld zoals die was vóór het pandemonium van de industriële revolutie en de mogelijkheid om vierentwintig uur per dag te shoppen.

Het Urban Wildlife Trust in Birmingham heeft een Internationale Dag van het Ochtendkoor in het leven geroepen. Deze dag is echter ongeveer even internationaal als de World Series van het American Football mondiaal zijn. Het is een typisch Britse aangelegenheid. Zoals de journalist Henry Porter ooit zei: 'Ondanks onze zelfhaat en onze teloorgang kun je de Britten een speciaal talent voor het waarderen van de natuur, en vooral van vogels, niet ontzeggen.' We lijken ook buitengewoon goed bedeeld met vogelschrijvers: Hudson, BB (Denys Watkins-Pitchford), Peter Scott, Viscount Grey of Fallodon en J.A. Baker, de auteur van een adembenemende klassieker, *De slechtvalk.* Natuurlijk zullen sommige puriteinse wetenschappers beweren dat Britse natuurbeschrijvingen te lijden hebben onder een 'verschuiving der soorten', of wat W.H. Hudson (een vooraanstaande beoefenaar) 'buitennatuurlijke' ervaring noemde – de auteur die zich in de kop en het lichaam van het beschreven wezen verplaatst. Dezelfde lobby in laboratoriumjassen sluit onveranderlijk af met de mededeling dat natuurboeken en, in het verlengde daarvan, het lezen van natuurboeken de gewoontes zijn van stedelingen die geen enkele band meer hebben met de echte natuur van rode kaken en klauwen.

Telkens wanneer ik dit argument hoor spoel ik mijn geheugen dertig jaar terug, naar de kleine ontvangkamer in het huis van mijn grootouders in Withington. Ze hadden een onberispelijke landelijke stamboom die eeuwen terugging, hoewel die in het geval van mijn grootvader eerlijk gezegd slechts terugging tot het begin van de zeventiende eeuw. Van voor die tijd waren er geen gegevens in het kerkelijk register te vinden.

In de ontvangkamer staat een donkere houten boekenkast met drie planken, met daarop een paar respectabele romans in stofomslagen met polkadots (aangevoerd door Du Maurier en Somerset Maugham), minstens tien boeken over Herefordshire (toen ik twaalf was, had ik *Where Wye and Severn Flow* waarschijnlijk al twaalf keer gelezen)... en een enorme hoeveelheid boeken van Romany, ook bekend als de eerwaarde George Bramwell Evens, een omroeper van de BBC en natuurschrijver. Hij schreef de boeken *Out with Romany*, *Out with Romany Again*, *Out with Romany by Meadow and Stream*, *Out with Romany Once More*, *Out with Romany by the Sea*...

Dat was helemaal geen rare boekenkast. Iedereen op het platteland had boeken over de natuur, het boerenleven, de jacht, een boek van Brian Vesey-Fitzgerald voor de informatie en een van James Herriot om te lachen. De allerergste antropomorfisten zijn bovendien plattelandsbewoners. Ik wist niet beter dan dat een vrouwtjesdas een 'oude dame' heette, en wanneer het geslacht van een dier onbekend is, is het altijd een 'hij' en niet, zoals in het Engels gebruikelijk is, een '*it*'.

En ik vraag me af of het echt zo moeilijk is om je tot op zekere hoogte in de kop van een dier te verplaatsen. Zijn we tenslotte niet allemaal dieren?

Er is ook een avondkoor en daarvan kun je het best genieten op een dag als deze, wanneer het witte licht verleidelijk gesluierd is en de lucht in de schemering zo vochtig dat de bloemige geur van het voorjaarsweiland benadrukt wordt. Vanaf de tegenoverliggende einden van het veld, de ene in de heg bij Grove Field, de andere in de heg bij Bank Field, zitten twee mannetjesmerels tegen elkaar op te bieden met extatische proclamaties waarmee ze hun plek in de wereld willen afbakenen.

O, wat een genoegen om in het weideland in Engeland te wonen wanneer het eenmaal mei geworden is.

De mooie maand mei is de maand om naar het ochtendkoor te luisteren, maar ook de tijd van het jaar om naar vossen te kijken omdat de volwassen vossen dan door hongerige welpen gedwongen worden om zich overdag buiten hun hol te wagen en de welpen buiten spelen. Ze letten helemaal niet op vanavond en zijn onder het hek bij het bosje geslopen om te stoeien in het grazige matras van het veld. Hun turkooisgroene ogen nemen me op tot ik ze minder dan tien meter ben genaderd, en pas dan vluchten de vossenwelpen weer naar hun hol.

Die zorgeloosheid zal snel genoeg verdwijnen. Binnen een maand worden ze zenuwachtig van me, een mens, en zullen ze een atavistische voorkeur voor het donker hebben ontwikkeld. Ze zijn met zijn drieën, pas gespeend en ongeveer acht weken oud.

Ik ben me ervan bewust dat de moervos me in de gaten houdt terwijl ik naar hen sta te kijken. Ze is uit het kreupelhout gekomen met een jong eendje dat uit haar bek bungelt. Ze ziet er net zo dubieus uit als een sjacheraar met een peuk in zijn mondhoek.

Jonge eendjes die al iets ouder zijn, zijn overwegend bruin met een iets lichtere kop. Een van de acht kuikens van het vrouwtje dat onder de olifantsboom iets verder stroomopwaarts broedde, was opvallend Tweety-achtig geel, waardoor hij al bij voorbaat tot een vroegtijdige dood was veroordeeld.

Het eendje is voor de welpen. Hun moeder heeft zitten schransen van de veldmuizen of ratten die ze heeft uitgegraven uit de rivieroever bij het kreupelhout.

We zijn oude bekenden, de moervos en ik, en ze herkent mijn gezicht of misschien mijn geur. Als er iemand anders was geweest, had ze haar jongen minuten geleden al gewaarschuwd. Dat had ze trouwens ook gedaan als ik de honden bij me had gehad.

De jongen moeten het er maar flink van nemen met hun eend. De welpen hebben het niet gemakkelijk, want vanaf augustus zullen insecten en wormen de voornaamste bestanddelen van hun menu vormen. Ze eten ook *Carabidae* (kevers), *Lepidoptera* (vlinders en motten), sprinkhanen en krekels, slakken en naaktslakken, spinnen en larven. En hoe lager de status van de vos, hoe nietiger de ongewervelden die hij zal eten.

Rond 7 mei zijn de meidoorns op het pad boven de boerderij uitgebot en zijn de bladeren zo groen als bij het begin van de schepping. Het duurt nog drie dagen voordat de heggen om het weiland, beneden in het dal waar de vorst bij voorkeur blijft hangen, helemaal groen zijn.

Slechts eenmaal durf ik op deze trage, drukkende middag te gaan kijken bij het nest van de wulp, wanneer ze opvliegt om haar vleugels te strekken. Ik heb urenlang naar deze plek zitten staren, en ik weet tot een meter precies waar het nest zich bevindt, maar toch kost het me een minuut om de eieren te vinden. En daar zijn ze, vier stuks, peervormig, een prachtige kleur avocadogroen met bruine vlekken. Het is alweer drie weken geleden dat ze zijn gelegd; het duurt nog maar een week voordat ze uitkomen.

Aan de langere grassprieten zitten kleine schuimnesten geplakt. Koekoeksspuug. Wanneer ik het schuim zachtjes uitsmeer met mijn gestrekte vingers zie ik de bleke, groengele wezentjes die in het schuimnest leven – de nimfen van het spuugbeestje, *Philaenus spumarius*. Het zogenaamde spuug wordt geproduceerd door larven die bellen blazen uit hun anus en moet het schepsel tegen uitdroging en roofdieren beschermen. Wanneer hij van zijn waanzinnige schuim is ontdaan ziet het spuugbeestje er ook uit als een lekker hapje voor een carnivoor. Het spuugbeestje is een van de echte wonderen van het weideland: een volwassen *Philaenus spumarius* is, millimeter voor millimeter, de beste springer van de hele wereld. Hij kan namelijk wel zeventig centimeter hoog springen – dat is ongeveer hetzelfde als wanneer een mens over de Grote Piramide van Gizeh springt. Dit krijgt deze cicade voor elkaar doordat hij een aanvankelijke acceleratie van ongeveer vierduizend meter per seconde bereikt.

John Clare was ervan overtuigd dat spuugbeestjes nog meer goede eigenschappen hadden:

> Ze beginnen in kleine witte kloddertjes spuug op de achterkant van bladeren en bloemen. Hoe ze daar komen weet ik niet, maar je ziet er altijd heel veel wanneer het vochtig weer is en ze zijn een van de weerglazen van de herder. Wanneer de kop van het insect naar boven is gericht, zou dat op goed weer wijzen; wanneer hij naar beneden is gericht, valt er daarentegen regen te verwachten.

Helemaal onder in het gras, in de warboel van de stengels van meerjarige grassoorten en de opeenhoping van bladerresten, zit een ander dier dat echt geweldig kan springen. Dit is de springstaart, een piepkleine, springende garnaal die op het land leeft. Ik doe met mijn vingers het gras uiteen tot ik de rode aarde zie en vind er een. Ik raak hem aan. De springstaart doet precies wat op het etiket staat: hij springt met behulp van een hydraulische piston aan zijn onderzijde die hij in de grond plant om zich af te zetten. Er zijn ongeveer tweehonderdvijftig soorten *Collembola* in Groot-Brittannië, en ze vertegenwoordigen een groep primitieve insecten die vierhonderd miljoen jaar geleden al over de Aarde rondsprong. Net als de rode aarde komen ze uit het Devoon.

Hier beneden, waar mijn vingers verborgen micro-universums verkennen en de aarde altijd vochtig is, leven indrukwekkende aantallen ongewervelde dieren. Iedere hectare van het weiland telt honderden miljoenen insecten. Samen wegen ze bijna een halve ton. Of iets in die richting.

10 mei. Er zijn steeds meer boterbloemen met hun bladeren als kanten onderzettertjes. De bloesem van de wilde appelboom in de heg van Grove Field is knalroze. Het lukt me bijna om de plenzende regen te negeren. Na een aantal heerlijk landerige dagen, toen ik er hoogmoedig van uit begon te gaan dat het voorjaar in een lineair proces geleidelijk in de zomer zou overgaan, toont mei zich weer van zijn wispelturige kant door de thermostaat opeens lager te zetten. In het veld van de buurman ligt een dood lam. De raven en hun ene jong hebben een rode kop van het bloed van hun feestmaal.

12 mei. Er zitten steeds meer zaden in de grassen. Het gras en de bloemen in het veld zijn een gewas dat een doel heeft, en daarom blijf ik bewust langs de randen van het veld lopen om te voorkomen dat ik alles plattrap. Er staat vanochtend een weelderige en weldadige laag dauw op het gras. Ik sta onder de eik bij de heg van Marsh Field, in zijn lappendeken van licht en donker, en zie de karamelkleurige hermelijn, die rechtop zit en naar de heg kijkt. Hij leeft in een andere tijd en speelt zijn oeroude spel met leven en dood. Hij kronkelt zich in de heg en kronkelt er weer uit met een jonge merel in zijn bek. Hij heeft me niet gezien.

14 mei. Weer een ochtend van rumoerige vogelzang om de nieuwe dag te begroeten. Het ochtendkoor is ook een hulpmiddel om vast te stellen wie waar broedt. Mannetjesvogels eisen hun terri-

torium op door vanaf een opvallend uitzichtpunt te zingen. In de heggen van het veld zitten vanochtend drie stelletjes pimpelmezen, twee roodborstjes, twee winterkoninkjes, een zanglijster, een staartmees, twee merels, een koolmees, een vink en een heggenmus.

Niet minder dan vierendertig Britse vogelsoorten broeden gewoonlijk in heggen, waarvan de heggenmus de kenmerkendste is. Zijn naam in het Oudengels was *hegesugge*. Tegenwoordig heet hij in het Engels *dunnock*, maar hij blijft de typische heggenvogel. De lichtblauwe eieren van een heggenmus die op een kluitje in een nest liggen, zijn een van de mooiste taferelen van het voorjaar, maar het beeld van de kapotte eieren in het gras onder de heg van Bank Field is een stuk minder fraai. De hele inhoud is uitgezogen, opgepikt of opgelikt. Er hangen nu twee eksters in het veld rond. Ze hebben hun nest in de eenzame eik stroomopwaarts van de groeve. Een van beide had net zijn snavel in het ei gestoken toen ik opdook op de plaats delict.

15 mei. Laat op een avond met Toscaans licht verschijnt de eerste rode klaver. Verschillende soorten bijen eten ervan met de wanhoop van overlevenden van de Titanic die zich vastgrijpen aan reddingsboten. De hoofdjes van de veldzuring veranderen al in roestrode torens.

Veldzuring, een vaste plant uit de duizendknoopfamilie, houdt van weideland waar geen chemicaliën zijn gebruikt. De Latijnse naam van de plant is veelzeggend: *rumex* was een soort Romeinse speer en *acetosa* betekent ongeveer 'azijn'. Met andere woorden een zuur, speervormig blad. En het is ook zuur. Het is een soort masochistisch genoegen om erop te kauwen. Tijdens het hooien kauwden landarbeiders vroeger op de bladeren om de speekselvorming in hun mond te stimuleren. In de middeleeuwse keuken werd het gebruikt zoals wij citroen en limoen gebruiken. Het hoge oxaalzuurgehalte geeft de plant zijn kenmerkende scherpe smaak. Tot de tijd van Hendrik de Achtste werd hij gekweekt als kruid en voor de 'groene saus' voor vis gebruikt. En de torenspitsen van zijn bloemen, die ongeveer zestig centimeter hoog worden, voorzien het veld nu van een rode mist.

De rode zaden zijn een voedselbron voor vinken (en vooral voor puttertjes) en de bladeren een maaltijd voor de rupsen van de kleine vuurvlinder.

's Nachts sta ik onder de twinkelende sterren aan de rand van het weiland en haal ik diep adem. Ik kan ruiken dat het gras zoeter wordt.

Het is half mei en de wulpen zijn gestopt met zingen. Ik mis het enorm.

Het is wel verstandig van de wulpen dat ze geen geluid maken: ze hebben twee kuikens, die zwarte keppeltjes op hun kop hebben en mooie zwarte strepen om hun ogen. Ze worden gevoerd door de beide ouders, die zo gewiekst zijn om ongeveer twintig meter van het nest te landen en onopvallend verder te sluipen zodat alleen hun gebogen kop boven het scherm van wuivend gras te zien is. Binnenkort zal alleen het mannetje zich nog om de wijd opengesperde snavels van de jongen bekommeren. De vrouwtjeswulp heeft genoeg gedaan. Wulpen hebben maar één broedsel per jaar.

Af en toe, zo dringt tot me door, vliegen de volwassen wulpen niet weg om eten te halen, maar lopen ze naar de nabijgelegen sloot van de watersalamanders. Wanneer ik onder de heg lig, kan ik de sloot niet zien vanwege de distels. Tijdens mijn volgende bezoek aan het veld verstop ik me in het bosje door roerloos in de schaduwen van de hazelaars te blijven staan. Een menselijke boom. Het is de moeite van het wachten waard, want het is een genoegen om de wulpen te zien dineren: ze halen de sloot zo'n beetje ondersteboven, trekken wormen uit en plukken insecten van het wateroppervlak, vermoedelijk schaatsenrijders. Meer dan eens zie ik kronkelende kikkers en salamanders in hun snavel.

Terwijl ik kijk hoe de wulpen hun jongen voeren, merk ik dat de graspieper toch niet zo dom is als hij lijkt. Het vrouwtje brengt de uitwerpselpakketjes van de pas uitgekomen jongen weg en gooit ze onder de heg, zodat de geur van de excrementen geen roofdieren naar het nest zal lokken.

Op een zwoele avond graaf ik Franse aardkastanjes op, waarvan de wufte witte bloemhoofdjes boven het gras uitsteken. De Franse aardkastanje behoort tot dezelfde familie als de wortel, en zijn knol, die rond is en ongeveer even groot als een grote hazelnoot, is eetbaar wanneer hij van zijn zwarte schil wordt ontdaan. De kunst van het oogsten van Franse aardkastanjes is om de dunne steel helemaal tot de grond te volgen en de immens fragiele lange enkele wortel helemaal te volgen tot je bij de knol bent. Wanneer je de wortel ergens tijdens je tien tot vijftien centimeter durende reis in de aarde breekt, ben je de knol ook meteen kwijt. In *De storm* graaft Caliban de 'toveraardappelen' met zijn blote vingers op. Je hebt echter een schop nodig om door de rode Devoon-klei van Lower Meadow te komen.

Tegen de tijd dat ik twintig Franse aardkastanjes in mijn plastic tasje heb, begint het al donker te worden en vliegen de gierzwaluwen krijsend om het dak van het huis en bedelen de jongen van de bosuil niesend om voedsel in de oude groeve. Ik ben halverwege de oever wanneer ik donderend geklapper van vleugels in het gras hoor. Een Schots sneeuwhoen vliegt op. Alleen het vogelbrein van het sneeuwhoen weet wat hij hier deed, op een afstand van ongeveer twee kilometer van zijn huis op de top van de berg.

Een andere avond. Ik zit onder de twee eiken, en het zonlicht werpt schaduwen in de vorm van Japanse wilgen op de oever. Ik ruik de oude bruine beek, die klokt met een geluid dat verdacht veel lijkt op water dat gorgelend in het afvoerputje verdwijnt. Edith is aan het zwemmen, met haar kop boven het water, zoals dames van een zekere leeftijd doen. En eendagsvliegen vallen met tientallen tegelijk op het wateroppervlak om haar heen, draaien krankzinnige cirkels, tollen zichzelf dood. Stroomafwaarts in Periscope Pool hoor ik de forellen springen. Glimmend als een zeehond komt Edith het water uit. Ze schudt zich uit en komt naast me liggen. Het is warm en de aanwezigheid van een hond is altijd geruststellend.

Ik schrik opeens op vanwege gepiep. Watervleermuizen jagen op de eendagsvliegen en plukken ze van het water met hun harige hobbitklauwtjes. Aan de rand van het poeltje verzamelt een stel late boerenzwaluwen modder voor hun nesten.

16 mei. Schemering in de vroege ochtend, die wordt verdreven door een opkomende zon. Drie forellen liggen als houten knuppels in Periscope Pool, met hun kop stroomopwaarts. Ze vormen een contrast met de opwinding van de rest van de natuur. Al vanaf het moment dat de zon opkwam zijn de vinken in de heg van Bank Field druk met het voeren van hun vier jongen, die met opengesperde snavels om eten bedelen. Om de twee à drie minuten komen ze aangevlogen op hun vleugels met witte strepen en bezorgen ze groene rupsen in hun snavel. Ze zijn zo doorlopend in de weer dat hun bezigheden een permanent onderdeel van het weiland worden.

Wat zagen mijn voorouders van de familie Parry negenhonderd jaar geleden toen ze in Herefordshire arriveerden en vanaf de kam van de Black Mountains over Engeland uitkeken? Een landschap dat op het huidige landschap leek. Er lagen al smaragdgroene weiden tussen de bomen; het volgende dorp, Maescoed, is *maes-y-coed*, wat 'veld in het woud' betekent. Zo heette het al in 1139. De boerderij Wain, even verderop, ontleent zijn naam aan het Welshe woord voor weiland, *gwaun*, en niet aan het Middelengelse *wain*, wat 'wagen' betekent.

De oudste heg van de boerderij is achthonderd jaar oud; de velden zijn ontstaan toen het oerbos in de Middeleeuwen werd gekapt en sinds die tijd nauwelijks van vorm veranderd. Het omheinen en in particulier bezit nemen van gemeenschappelijke gronden in de achttiende eeuw had geen invloed op de Welsh Marches, aangezien de weidegronden het gebruikelijke drieslagstelsel van braak/zomergranen/wintergranen niet volgde.

Mijn lijst van de bloemen langs velden en wegen
Groeit in rijmen die even aanhoudend zijn als de regen
En die misschien saai en langdradig zijn voor velen,
Maar die mij nooit werkelijk nooit zullen vervelen.

John Clare, 'The Shepherd's Calendar'

De scherpe boterbloem, *Ranunculus acris*, is een serieuze bewoner van het weideland en hooiland omdat zijn abondantie een indicatie geeft van de ouderdom van het grasland. Het vee mijdt de plant vaak vanwege het hoge gehalte aan ranunculine, dat slecht is voor het spijsverteringssysteem wanneer het rauw gegeten wordt, hoewel het geen problemen oplevert in hooi. Bedelaars uit vroeger tijden hadden de gewoonte om blaren op hun huid te maken met het sap van de scherpe boterbloem om het medeleven van voorbijgangers op te wekken, vandaar ook de Engelse bijnaam 'blarenplant'; mensen op het platteland noemen de scherpe boterbloem vanwege zijn bitterheid ook wel de kraaienbloem. De kraai is altijd een voorbode van het kwaad. Toen hij tachtig was, vertelde William Parry uit Longtown de victoriaanse folkloriste Ella Leather over een herder die op de berg door twee broers werd aangevallen. De herder zei tegen de broers: 'Als jullie me doden, zullen de kraaien krassen en het overal vertellen!' De broers negeerden de waarschuwing. Daarna werden ze steeds aangevallen door kraaien wanneer ze naar buiten gingen. Toen ze helemaal op waren van de zenuwen verrieden ze zichzelf door hun zonde zomaar op te biechten. Ze werden opgehangen.

De scherpe boterbloem bloeit van mei tot augustus en de eerste gouden bloemhoofdjes zijn zo felgekleurd dat het net lijkt alsof de ineengedoken moervos een kunstige Egyptische kroon draagt. Een paar konijnen zijn vanuit Grove Field hiernaartoe gewipt en knabbelen van het gras bij de mierenhopen. De vos heeft al geprobeerd een konijn te pakken te krijgen, maar toen werd er alarm geslagen door een konijn dat met zijn poot op de grond stampte en renden ze naar het hol op de oever.

Sinds die tijd ligt ze daar als een sfinx in de bloemenweide te wachten tot de konijnen terugkomen. Wanneer er een te dicht bij haar in de buurt komt vliegt ze eropaf en grijpt ze hem in zijn nek. Ze is een elegante moordenaar.

Het gras wuift en buigt vervolgens in deinende golven het hoofd voor de wind. Iemand heeft poedersuiker op de heg gestrooid. Het is 20 mei en de meidoorn heeft de wereld een oogverblindend witte kleur gegeven. Dit is de witte tijd. Wit voor de meidoornbloesem in de heggen, wit voor de muurbloempjes die onder de heg groeien.

Een vos heeft een territoriale drol achtergelaten op de stenen vloer bij het hek van Bank Field. Ik zie dat er aarde in zit. Gisteren en eergisteren was het warm en heeft het 's avonds geregend, waardoor het krioelde van de wormen in het gras. Ik telde er wel tien per meter. Een van de vossen heeft er goed van gegeten. De aarde kon niet worden verteerd door zijn maag en komt er daarom uiteindelijk uit in zijn uitwerpselen.

24 mei. Nee, het veld is niet altijd mooi. De paardenbloemen zijn door het verglijden van de tijd veranderd in bleke klokken met zaden. De witte tijd: het veld doet denken aan roos op een schooluniform.

Aantekening van 25 mei op een stuk papier: 'Terwijl ik een *gat* in de heg bij Marsh Field repareer met prikkeldraad stoor ik een egel die drie jongen aan het zogen is.' Het woord *gat* betekent in het Engels ook gat. Het getuigt van enige ijver dat ik prikkeldraad voor dit gat span en er geen hond laat zitten om de koeien tegen te houden.

Maar het was stikheet en de klei was staalhard geworden, waardoor het geen erg aanlokkelijk idee was om een paal in de grond te slaan.

De klei in Herefordshire is óf nat en blubberig óf warm en hard. Ieder jaar zijn er slechts ongeveer twee dagen waarop je er iets mee kunt aanvangen. Door de hittegolf zijn de vlinders verschenen, en boven het weiland is er nu steeds een kleurenspel van koolwitjes en bruine zandoogjes. Ik zie ook een blauwe vlinder die ik niet kan thuisbrengen en die ik later opzoek in *The Observer Book of Butterflies*, dat ik van mijn ouders heb gekregen toen ik negen was. Het vrouwtje van een icarusblauwtje.

Op het fluitenkruid dat zich vanuit het bosje in het weiland verspreidt zitten ook oranjetipjes. Wanneer ze hun vleugels verticaal boven hun rug gesloten houden, zijn de oranjetipjes bijna niet te zien op de schermen met witte bloempjes van *Anthriscus sylvestris*, ook al sta ik er slechts tien centimeter vandaan. De groene en witte spikkels aan de onderkant van hun vleugel zijn het toppunt van camouflage.

Wanneer ik de volwassen oranjetipjes nectar zie eten, krijg ik opeens het idee om te gaan kijken of hun rupsen bij de pinksterbloemen bij de sloot zijn. Na enig zoeken vind ik vijf groene larven van het oranjetipje. Pinksterbloem is samen met look-zonder-look de voornaamste voedselbron voor de jongen van het oranjetipje. En hun soortgenoten trouwens ook. De rupsen zijn toegewijde kannibalen.

Juni

Spitsmuis

Alle bomen zijn nu helemaal in blad, ook de es. Boven het weelderige gras hangt de klatergouden gloed van de boterbloemen. Mijn laarzen zijn geel van het stuifmeel. De babyblauwe lucht is roerloos en wordt alleen in beweging gebracht door de vleugelslagen van zwaluwen, die boven het veld op muggen jagen. Maar er is geluid: het constante gebrom van zweefvliegen, het gegons van dazen en het gezoem van bijen.

Het veld ziet er anders uit. Niet alleen omdat ik in de wilde driehoek zit en het perspectief van een hommel over een meer van gras en bloemen heb, maar ook omdat het veld kleiner lijkt wanneer het weiland vol bloemen en planten staat. Het is nu bijna onvoorstelbaar dat dit hetzelfde veld is als de kille en dorre vlakte van de winter. In de zonneschijn fladderen bruine zandoogjes over het gras. De mannetjes zijn op zoek naar een aanlokkelijk vrouwtje en verjagen andere mannetjes.

In de schaduwrijke maar droge ondergroei van de heg, waar ik gehurkt zit, rent een spitsmuis over mijn been. Ze maakt zich niet druk om mijn aanwezigheid en snuffelt opgefokt rond in de oude bladeren alsof ze amfetamine heeft gesnoven. In de loop van de komende tien minuten richt dit piepkleine zoogdier met haar lange snuit een waar bloedbad aan, maar eigenlijk kun je alleen bewondering hebben voor de handigheid waarmee ze doodt. Met snelle kaakbewegingen ontleedt ze vijf kevers, en daarna draait ze een grijze naaktslak met haar snuit rond, vermoedelijk om hem mals te maken. Af en toe bijt ze hem. Haar speeksel bevat een vergif dat het slachtoffer verlamt en uiteindelijk doodt. Ze verslindt ook pissebedden en eet liever de luizen van *Philoscia muscorum* dan die van *Porcellio scaber*. Tussen de verschillende gangen door wast ze zich ijverig. En ze is ook niet dom, want ze vergrijpt zich niet aan een grote zwarte kever die in staat lijkt zich te verweren.

Uiteindelijk besluit ze weer naar huis te gaan, ergens in het veld. Ik volg haar, en duw het gras in haar kielzog uiteen – of, beter gezegd, de bloemen in haar kielzog, want de midzomerse weide is nu een woelige bloemenzee van witte muurbloempjes, goudkleurige verfbrem, paarse wikke en heidezenegroen... Ik zie het piepkleine hol van de spitsmuis, naast de eenzame zaailing van een eik die duidelijk van plan is om het veld weer in een bos te veranderen, bijna over het hoofd.

Ze is een gewone bosspitsmuis, *Sorex araneus*, met een lengte van ongeveer zes centimeter slechts zo'n twee centimeter groter dan de dwergspitsmuis. Spitsmuizen moeten een reusachtige hoeveelheid voedsel naar binnen werken vanwege een zeer snelle stofwisseling, en een spitsmuis kan in vierentwintig uur ongeveer zijn eigen lichaamsgewicht eten. Daarom zijn ze bijna altijd aan het jagen en het eten, dag en nacht. De roofdieren onder de zoogdieren eten zelden spitsmuizen omdat spitsmuizen klieren aan hun zij hebben die een vieze geur afscheiden. De Latijnse naam *araneus* betekent spin, en dat verwijst naar het oude geloof dat spitsmuizen giftig waren, net als spinnen. Gevederde roofdieren zien *Sorex araneus* daarentegen als een hoofdmaaltijd. De meeste vogels hebben geen reukvermogen.

Spitsmuizen paren vanaf maart, en een vrouwtje heeft soms wel vier worpen per jaar. Wanneer ze zestien dagen oud zijn beginnen de jongen al uit het nest te komen, en er wordt gezegd dat ze soms een 'karavaan' vormen, waarbij een jonge spitsmuis steeds de staart van de muis vóór hem grijpt, waardoor de jongen de moeder in een slinger volgen.

Ik zou wel eens zo'n karavaan willen zien. Ik ben er nooit getuige van geweest.

Een mooie avond daalt neer op Bank Field en de Franse aardkastanjes. Pimpelmezen wippen de heg in en uit, kleefkruid klotst tegen de ondergroei. Houtduiven roepen uit de dode iep, 'roekoe, roekoe'. De zon in het westen baadt het land in een zachtroze mythische gloed. Zelfs de doodgewone gegalvaniseerde hekken van het veld glimmen betoverend.

Bijna precies op het moment dat ik bij het hek van het weiland kom start er een klein propellervliegtuig. Zo klinkt het tenminste. Met zijn lengte van ongeveer drie centimeter is de volwassen meikever even gemakkelijk te zien als te horen. Ik duik weg. *Melolontha melolontha* is nogal laat dit jaar vanwege het koude voorjaar. Dus eerder junikever. Of ekkelbieter, maaikever of misschien meimulder. Ondanks zijn afschrikwekkende omvang en naaldachtige achterlijf is de meikever ongevaarlijk. Het is een natuurlijke reflex om weg te duiken. De meikever vliegt langs op ooghoogte en heeft geen aandacht voor mij, omdat hij alleen aan seks en eten denkt.

Bij het hek ligt een gesneuvelde meikever, als een stuk van een gelakte mahoniehouten tafel waarin iemand stijlvolle witte driehoekjes heeft gekrast. Meikevers voelen een catastrofale aantrekkingskracht voor licht en glas, waar ze zich met een tempo van vijftien kilometer per uur tegenaan storten. Deze is waarschijnlijk gisteravond tegen de koplampen van de tractor gebotst. De meikever is best een mooie kever, met zijn behaarde kop en zijn opvallende antennes, die een beetje op pootjes lijken. Ik pak hem op en leg hem op zijn rug in mijn open hand. Zijn poten klappen zich open als het zakmes dat ik altijd in mijn zak heb zitten. Misschien is hij eerder overleden aan ouderdom dan aan de gevolgen van de botsing met de tractor. Een meikever leeft slechts zes triomfantelijke weken.

Er zijn andere meikevers die zich in de eiken verzamelen nadat ze tevoorschijn zijn gekomen uit de grond, waar ze vier jaar lang tijdens een clandestiene kindertijd als witte larve aan de wortels hebben geknaagd, om vervolgens op doorzichtige vleugels onzeker weg te vliegen. De larven zijn reusachtig dik en krullen zich op tot een opvallende halve maan van ongeveer vier centimeter wanneer ze worden opgegraven. In sommige streken van Groot-Brittannië worden ze roekwormen genoemd omdat de roek ze blijkbaar als een delicatesse beschouwt. Binnenkort zal de vrouwtjesmeikever opnieuw aan de cyclus beginnen, op net zo'n warme avond als deze, wanneer ze haar eieren legt op een diepte van enkele centimeters onder de grond. Daarvoor gebruikt ze haar achterlijfspunt, want dat is een stuk gereedschap om in de grond te boren en niet om in de menselijke huid te prikken.

Ik werk me een uur in het zweet in Bank Field om het hek langs de rivier opnieuw te spannen, want dat willen de schapen klaarblijkelijk tegen de grond werken met hun geschuur om de jeuk te verlichten. (De schaapachtige manier om te vragen of ik ze nu eindelijk weer eens wil scheren.) Tegen de tijd dat ik klaar ben met het hek zijn de rosse vleermuizen op zoek naar de meikevers die bezig zijn in de eiken. Rosse vleermuizen zijn de slechtvalken van de orde der *Chiroptera*. Op smalle vleugels met een spanwijdte van ongeveer veertig centimeter vliegen de rosse vleermuizen hoog over het weiland naar de eerste sterren. Daarna opeens een duikvlucht. Rosse vleermuizen kunnen in de vlucht vangen en eten. Wanneer ze weer opfladderen op hun geavanceerde vleugels heb ik stellig de indruk dat ik het geluid van neerdwarrelende dekschilden van meikevers hoor.

De rosse vleermuis is de grootste vleermuis van Groot-Brittannië en een van de weinige die het aandurft om in open ruimten te vliegen. (Ongeveer tien procent van de vleermuizen wordt opgegeten door roofvogels.) Andere vleermuizen beginnen door de nacht te fladderen. Onder de elzen bij de rivier is de watervleermuis aan het werk. Tegen het laatste licht achter de berg zie ik vleermuizen die bij de heg van Marsh Field en tussen de koeien jagen. Dit zijn grote hoefijzerneuzen die op zoek zijn naar strontvliegen.

Voorjaarsonweer. Zwaluwen vliegen in korte witte wervelingen over een weiland waar het vroeg donker wordt. Ze blijven dicht bij de grond en gebruiken hun bek als een net voor het vangen van de zwermen insecten die gedwongen zijn om laag te vliegen vanwege het weer. Gevorkte bliksem boven de berg. Ergens klinkt de donder.

Dan begint het te regenen, dikke regendruppels die door het bladerdak van de eik beuken. De fluorescerende bloemen van de berenklauw en het fluitenkruid worden gegeseld – halverwege de avond is het al aardedonker. Een vos – een van de jongen – komt tevoorschijn uit de opgedroogde sloot bij Grove Field. Ik denk dat hij op konijnen gaat jagen, maar hij rent langs de rand van het weiland door de stortregen en spoedt zich naar het hol en de droogte. De vossenjongen wagen zich steeds verder het veld in. Maar op een dag als deze is thuis blijkbaar aanlokkelijker.

In de schipbreuk van de avond landt een reiger, die uithaalt naar een dier aan de andere kant van het weiland. Ik zie niet wat het is, maar alleen dat het wordt opgeslokt en groot is, een jong konijn of een rat, iets van die omvang. Op zijn buitensporig grote vleugels verdwijnt de reiger weer in de verstoorde lucht om zijn inspectieronde te vervolgen. Het water in de sloot van de watersalamanders staat hoog. Een kleine watersalamander (*Triturus vulgaris*) zwemt traag langs en verorbert kikkervisjes – een groot kikkervisje blijft steken in zijn bek, en pas nadat hij zijn kop heeft geschud als een terriër kan de gevlekte watersalamander zijn eigen neef verzwelgen.

Het rijpe gras, dat zwaar is van de zaden, wordt platgestampt door het geweld van wind en regen. Op de een of andere manier slaagt het gras erin zich na de geseling weer op te richten. De lange speerpunten van de rogge trekken zich het minst aan van de nattigheid; de donzige pluimen van de kropaar en de verticale pagodes van het kamgras hebben meer tijd nodig om weer overeind te komen.

9 juni. Ik lees *The Charm of Birds* van Edward Grey uit 1927. Grey was de minister van Buitenlandse Zaken die ons naar de Eerste Wereldoorlog heeft geleid, de man die het grafschrift voor het oude continent heeft geleverd: 'In Europa gaat overal het licht uit. We zullen tijdens ons leven niet meer meemaken hoe het wordt aangestoken.' Grey voelde zich veel gelukkiger in zijn rol als vogelaar dan als staatsman. Op 9 juni 1910 kon Grey echter het nuttige met het aangename verenigen toen hij Theodore Roosevelt, de toenmalige president van de Verenigde Staten, meenam voor een vogelaarswandeling door Itchen Valley. Tijdens hun wandeling zagen ze veertig verschillende vogelsoorten.

Ik word gekweld door de voor de hand liggende vraag: hoeveel zouden er nu tijdens een wandeling te zien zijn?

10 juni. Een van onze koeien is losgebroken en het weiland in gevlucht. Ze lijkt geen haast te hebben om terug te keren naar de schamele maaltijd die Marsh Field biedt en zwaait boos met haar kop wanneer ik haar probeer terug te leiden. Er is een grappig trucje voor het hoeden van koeien: wanneer je achter een koe gaat staan en je linkerarm uitsteekt, gaat zij naar rechts en vice versa. Na wat gezwaai met mijn armen begint ze eindelijk in een rechte lijn terug te lopen. Koeien zijn niet dom. Ze is gesnapt tijdens het spijbelen en weet dat het voorbij is met de pret. Ze loopt mismoedig naar het hek van Marsh Field, en ik loop achter haar aan, de eenzame herder in het eeuwige beeld van een man die een koe hoedt. We spelen onze oeroude rol en er blijkt een soort onuitgesproken kameraadschap uit onze wandeling. Ik pluk een grasspriet (timoteegras) en steek hem in mijn mond om het plaatje van rustieke eenvoud te vervolmaken.

Wanhopig gepiep in het gras. Het nest van een bosmuis – een bal van gras die helemaal droog is ondanks de regen van vanochtend – is opengebarsten door de koeienhoef en onthult drie blinde, bruine, piepkleine muizen. Een jong is geplet en uit zijn huid geperst. Ik bedek het nest zo goed als ik kan en schop het bloederige lijk weg met mijn laars.

Een koe oefent ongeveer anderhalve kilo druk per vierkante centimeter uit. Alle botten in mijn voeten zijn al eens door onoplettende koeien gebroken. Hoe groot is de overlevingskans van een pasgeboren muis?

Maar een koeienhoef is niet alleen slecht nieuws. De hoefafdruk verschaft een microklimaat dat bepaalde ongewervelden zoals het adonisblauwtje nodig hebben om eitjes te leggen.

12 juni. De bloesem op de meidoorn is verfletst tot een weifelachtig lichtroze. Witte motten fladderen dag en nacht rond. Er zitten kikkers op de plekken waar het gras zo hoog is dat het zelfs 's middags nog vochtig is. De vlierbloesem is uitgekomen aan de oost- en de zuidkant van de heg in het weiland, net als de kamperfoelie. De gewone rolklaver bloeit rood en geel in de kruidlaag van het grasveld. Boven het weiland hangen wolken van pollen. Wanneer het 's avonds koeler wordt kruipen er bruin-met-zwarte naaktslakken over het gras. De paarse distels bij het hek waar de koeien graag voor zich uit staren zijn een meter hoog.

Keith Probert komt aangelopen over het pad en vraagt of ik zijn nieuwe Hereford-stier wil lenen. 'Vorige week gekocht. De jongens zitten me de hele tijd af te zeiken.' Niemand wil geloven dat een veehouder een Hereford heeft gekocht. Een Belgisch witblauw of een Simmentaler zou vanuit commercieel oogpunt een stuk interessanter zijn.

Ik snap het wel. Belgisch witblauwen zijn overontwikkelde spierbundels en Simmentalers hebben de persoonlijkheid van een machine. Een Hereford is traditie, kameraadschap – een beetje ouderwets.

Wat is het toch heerlijk om in een veld te liggen en te dromen. Ik lig op mijn rug in een soort crucifix – de houding die je instinctief aanneemt omdat je je op die manier aan de natuur onderwerpt, maar haar ook met open armen ontvangt. Wanneer je met je armen uitgestrekt tegen je zij ligt neem je de doodshouding aan, alsof je al in je kist ligt.

Boven me fladdert de veldleeuwerik op, een zijden tent van zang boven zijn territorium spinnend, tot hij nog slechts een vlekje is.

De leeuwerik is een mannetje dat zijn territorium verdedigt. Maar waar is het nest van zijn vrouwtje?

Doordat ik niet van bovenaf kan kijken, kost het me een uur om het huis van de leeuwerik te vinden, ingegraven in een kluit gras. Met uiterste voorzichtigheid trek ik grasssprieten weg om drie bruine gespikkelde eieren te onthullen. Een soort schat.

Het begon al op jonge leeftijd, mijn obsessie met de natuur. Ik herinner me dat ik er als tienjarige opuit trok met mijn neven en een hond om in bomen te klimmen en de porseleinen eieren van de houtduif te zoeken. Op mijn eerste schoolfoto zie je het blauwe geborduurde embleem van de Young Ornithologists' Club (de club van jonge ornithologen) op mijn trui, dat wordt onthuld door een opstandige ruk aan de revers van mijn jasje. Mijn eerste artikel verscheen in *Bird Life*, het blad van de Young Ornithologists' Club. (Het volgende stuk werd gepubliceerd in *The Guardian*. Nou ja...) Mijn arme ouders namen me telkens weer mee naar de Slimbridge Wildfowl Trust, een vogelreservaat. Mijn kamer was een museum van bewaarde skeletten, snavels en poten, en mijn dierbaarste bezit was de snavel van een papegaaiduiker, die ik in Borth op het strand had gevonden. Hij zat in een doorzichtig plastic doosje dat eerder had gediend als verpakking van een Timex-horloge – het verplichte accessoire van een schooljongen in de jaren zeventig – en zag eruit als een bijzonder exotische broche.

Het bruine zandoogje, *Maniola jurtina*, vliegt rond ondanks het druilerige weer. Deze middelgrote vlinder is te herkennen aan oranje vlekken met een zwarte 'oogvlek' op de voorvleugels. De rupsen leven van verschillende inheemse grassoorten zoals struisgras, zwenkgras, kropaar en weidegrassen. Ze dwalen nooit ver van hun eigen veld af als dat niet nodig is, en de bruine zandoogjes die vandaag in het weiland paren en eten, zullen deze twee hectare misschien nooit verlaten.

Twee bruine zandoogjes zijn met hun gezichten naar elkaar toe aan het paren, in de missionarishouding, met de kop omhoog, op het blad van een brandnetel. Ze vormen een volmaakt hart.

De vossenjongen zijn nu voorzichtig, neofobisch, afkerig van het daglicht, voor mij op hun hoede. Ik zie ze een hele week niet. Dan jaagt Edith een van de vossenjongen uit het kreupelhout, waar de vossen zich vaak schuilhouden. Vossen brengen weinig tijd onder de grond door, buiten de zoogtijd en strenge winters. De welp kan onder het hek kruipen en het veld in rennen doordat hij nog klein is, maar de kloeke Edith moet een groter gat zien te vinden, en tegen de tijd dat het haar is gelukt, is de vos nog slechts een vervagend beeld op het netvlies.

Er schiet me een scherper beeld te binnen, van Sniffy, onze overleden piepkleine jack russell, die jaren geleden aan het einde van een mistroostige oktobermiddag vanaf dezelfde plek achter de rekel aan ging. Het kleine hondje stoof achter de grote hondachtige aan. Ze stonden er geen van beide ook maar een seconde bij stil dat het een belachelijke toestand was. De vos was ongeveer tien keer zo groot als de hond.

De vossen zijn niet de enige dieren die zich boven de grond schuilhouden. Een paar jonge konijnen hebben een soort legers gemaakt in het lange gras bij de oever van Grove Field. Ze grazen oplettend in de middag en spelen vervolgens de achtervolgingsspelletjes waar zoveel jonge zoogdieren van houden.

19 juni. Het is bijna midzomer, en ik heb geen zin om naar bed te gaan omdat het zo lang licht is. Het is zeventien uur per dag licht, twee keer zolang als in de midwinter. De eeuwigheid zou niet lang genoeg duren als die alleen uit Engelse zomeravonden als deze bestond. Ik besluit een rondje te maken door de velden. Wanneer ik door Marsh Field loop zie ik de silhouetten van twee dieren die tegenover elkaar staan aan het einde van het weiland, dat een zee van gras is. Een vos en een das hebben elkaars pad gekruist. De das verroert zich niet en de vos steekt zijn kop naar voren en produceert een soort gorgelend gegrom, dat op vijfentwintig meter afstand te horen is. De das is er niet van onder de indruk. Uiteindelijk gaat de vos aan de kant door het weiland in te springen en om de zwart-witte boeddha heen te lopen.

20 juni. Er ligt een dode, fluwelige spitsmuis bij mijn schuilplaats in de wilde driehoek. Het lijk is nog warm. In zijn nek zie ik nog net piepkleine beetsporen in de natte vacht. Spitsmuizen verdedigen hun territorium tot de dood erop volgt.

De kleine ratelaar ratelt ook echt. Sommige regionale bijnamen van de plant vestigen de aandacht op de gelijkenis tussen het geluid van de rollende zaden in hun kelken en dat van een stuk kinderspeelgoed (*baby's rattle*, rammelaar) of geld dat in een zak wordt gegooid (*shepherd's purse*), maar de inwoners van Herefordshire hebben een grimmiger associatie met het geluid van *Rhinanthus minor*. Hier heet de plant *rochlis*, de doodsreutel. In zekere zin veroorzaakt de plant ook de dood. Strikt genomen is *Rhinanthus minor* een hemiparasiet die weliswaar kan fotosynthetiseren, maar het gelukkigst is wanneer zijn wortels die van grassen kan grijpen zodat hij het leven uit ze kan zuigen. Wanneer je een weiland met wilde bloemen wilt creëren is de kleine ratelaar bijna onontbeerlijk. De kleine ratelaar houdt niet alleen de grassen in bedwang, maar produceert in de lente ook gele bloemen die aantrekkelijk zijn voor bijen. Hij groeit alleen op bepaalde plekken in het veld, op de kale droge plek in het midden en aan de noordkant.

Wanneer ik per ongeluk de rust verstoor in het nest van de graspieper, vliegt het vrouwtje op en probeert me af te leiden door een hele show op voeren en ongeveer vijf meter laag over het gras te fladderen en neer te komen bij een plek waar weinig gras is. Daar blijft ze liggen, steekt ze een 'gewonde' vleugel uit en spreidt ze haar staart tegen de grond. Ik wil haar niet teleurstellen en ga achter haar aan. En dan vliegt ze met een tinkelende lach over de heg Marsh Field in.

Een paar jaar geleden heb ik mijn eigen regel overtreden, namelijk dat je enige affiniteit moet hebben met je eigen vee. Ik kocht twaalf Hebrideans – kleine, zwarte, gehoornde, primitieve én gekloonde schapen – om bij de Ryelands en de Shetlands te zetten. Van het dozijn zwarte schapen ben ik alleen iets gaan voelen voor Hilda, het dominante schaap, de ooi met hetzelfde wipneusje als Michael Jackson en de onverzadigbare maag. Een buurman doneerde een ram, met de naam... Rammy. De Hebridean is een productief schaapje. Hij gedijt op matig en gevarieerd grasland als Lower Meadow, levert gezond en smakelijk vlees en produceert een weelderige vacht die een goede prijs oplevert bij de Wool

Board en bij particulieren. Het ras doet het ook goed bij landeigenaren die graag milieuvriendelijk willen laten grazen, wat aantrekkelijk is voor subsidies.

Maar ze ontsnappen en springen als herten. Ik heb ze in de stal gezet omdat ik ze moet scheren, en een schaap springt vanuit de kooi in de omheining waar ik met de scheermachine in de weer ben. Dan probeert ze over me heen te springen en moet ik wel aan de kant duiken als ik geen pijnlijke aanvaring wil met haar kop, die zo hard is als een grafsteen.

Schaapscheren is prima te doen wanneer je in de twintig bent. Wanneer je in de veertig bent is het dodelijk. De definitie van 'dodelijk vermoeiend' zou moeten zijn: 'een tijdlang schapen scheren volgens de Nieuw-Zeelandse methode'.

Bijna iedereen scheert volgens de Nieuw-Zeelandse methode, waarbij je het schaap op zijn achterste zet, zijn rug tegen je benen plaatst en naar beneden scheert met een scheermachine.

Ik begin in een redelijk tempo, doe ongeveer twee minuten over een schaap en laat het scheerapparaat netjes onder de lijn van de gele vloeibare lanoline in de vacht glijden. Bij schaap nummer tweeëntwintig doe ik er al vijf minuten over en moet ik sommige stukken twee keer scheren omdat het de eerste keer niet kort genoeg was. Ik maak ook een flinke jaap in de huid van een ooi en moet haar inspuiten met ontsmettingsmiddel. Bij schaap nummer zesentwintig ben ik honderdveertig jaar oud. Bij schaap nummer eenendertig begin ik te smokkelen. Ik parkeer de tractor op het pad zodat niemand me kan betrappen en scheer de rest van de kudde door de schapen vast te binden aan het hek en ze rechtop te laten staan met een tuigje om hun kop. Ik ga erbij zitten.

Maar ik kan dit tegen niemand zeggen, omdat je echt een watje bent als je het zo doet.

Ik ben helemaal afgepeigerd en lijk op het portret op de zolder van Dorian Gray, maar door de lanoline in hun vacht zijn mijn handen zo zacht als een babyhuid.

In de midzomernacht maak ik een van de vreemdste dingen van mijn leven mee. Om tien uur 's avonds, wanneer ik naar buiten ga om de kippen op te sluiten in hun hok in de kippenren, is de schemering vol toverkracht. Maar de midzomernacht is nu eenmaal de nacht voor Puck, feeën en wonderen. Ik heb wel eens een nachtegaal horen zingen tijdens de midzomernacht – de enige keer in mijn leven dat ik dat meemaakte.

Meteen nadat ik het luikje heb gesloten, komen de drie paarden en de ezel geruisloos tevoorschijn uit de schaduwen van de heg en beginnen om me heen te dartelen in een steigerende en springende draaimolen. Ze blijven om me heen rennen en gaan steeds sneller. En worden steeds wilder. Eerlijk gezegd ben ik een beetje bang. Ik voel de wind van de stampende hoeven van George op mijn gezicht. De ezel is de langzaamste van het kringetje, de komma, en ik vlieg voor haar langs, vlucht uit de paddock en spring over het hek met gebruikmaking van een techniek die ik tientallen jaren geleden voor het laatst tijdens een sportdag van school in praktijk heb gebracht: de fosburyflop.

De paarden en de ezel blijven om het kippenhok rennen, tot Zeb, mijn paard, uit de kring breekt en, overduidelijk met opzet, naar me toe draaft. En zachtjes aan de mouw van mijn overhemd trekt. Hij trekt nog een keer aan mijn mouw, met ongekende beleefdheid.

Dieren kunnen natuurlijk ook praten. Op dat moment zijn hij en ik één, ondeelbaar. Ik kan in zijn grote, ondoordringbare, kastanjekleurige hoofd kijken en zie alle trage, dierlijke denkprocessen. Ik ben net als hij een dier, en ik moet meespelen.

Ik geef hem verontschuldigend een kus op zijn hoofd. En hij gaat weer naar zijn mallemolen.

De betovering is nog niet verbroken, want Snowdrop, de ezel, stapt ook op me af en trekt aan mijn mouw met haar lippen omdat ik moet komen spelen. Ook zij krijgt een kus en sjokt dan terug naar de circusvoorstelling in de verlichte bovennatuurlijke werkelijkheid.

Er klinkt een nieuw geluid in het veld. De krasser (*Chorthippus parallelus*) zingt, alleen hier en daar een korte onderbreking. Het lied van deze kleine groene sprinkhaan wordt voortgebracht door stridulatie, dat wil zeggen door met een tandenrij op zijn poot over zijn vleugels te strijken. De sprinkhanen tsjirpen – een veel betere omschrijving dan krassen – naar elkaar in de zon. Het mannetje klinkt harder en indringender dan het vrouwtje. De sprinkhaan is niet alleen een muzikant, maar ook een belangrijke bron van proteïne voor de roofdieren in het weideland.

Een kraai hopt rond met kwade bedoelingen. Maar het lichaam van de vogel is niet goed afgestemd op zijn verlangen. De sprinkhanen brengen het kniegewricht op spanning, zodat er een veermechanisme in de achterpoten ontstaat; als het wordt ontspannen, worden ze door de energie in een nieuw deel van het bos van grassprieten gekatapulteerd. De kraai kan alleen maar toekijken terwijl de sprinkhanen langsspringen. Sprinkhanen hebben een stamboom die driehonderd miljoen jaar teruggaat tot het Carboon. Ook zij zijn landeigenaren die al veel langer aanspraak kunnen maken op het land dan de mens.

27 juni. In de schaduw van de twee oude appelbomen in Bank Field staan de koeien te wachten tot ze door Constable worden geschilderd.

Op een junidag met Spaanse temperaturen maak ik mijn inventarisatieronde en ik kom even op adem bij de oever van de rivier, die schoon en kristalhelder over de groene en roze keien stroomt. Er is een mooi stuk met verspreidbladig goudveil langs de oever. Op de rode oever aan de andere kant van het water hebben ijsvogels in de loop der jaren een soort Chaco Canyon van gaten uitgegraven. Uit een opening, het huis dat nu bewoond wordt, loopt smerig zwart slijm. De ijsvogel mest zijn nest uit door al het afval gewoon door de voordeur naar buiten te duwen.

Terwijl ik in trance sta toe te kijken komt er een bruine torpedo om de bocht van de rivier aangezwommen. Hij kijkt aandachtig om zich heen. Een handige draai, een lenige buiteling, en dan klautert de otter het water uit om op de kiezels recht tegenover me te gaan zitten.

Er is iets met dit stuk van twintig meter langs de rivier, met zijn kleine rode klif op de achtergrond en de overhangende elzen, waardoor we het allemaal als ons privéterrein beschouwen. De otter vormt hierop geen uitzondering. Hij snuffelt aan zijn borst en begint zich uitgebreid te wassen.

In *The Gamekeeper at Home* beschreef de negentiende-eeuwse natuurschrijver Richard Jefferies hoe je naar dieren moet kijken:

> Dit is het geheim van observeren: roerloos blijven staan, stil zijn en onverschilligheid voorwenden tegenover de instinctieve manier waarop deze wilde dieren weten vast te stellen of je je in een geest van vijandigheid tegenover hen bevindt; en wanneer je heel dichtbij bent, letten ze altijd op je ogen. Zolang je als het ware vanuit je ooghoek naar ze kijkt, tersluiks, of over ze heen kijkt en je blik op iets achter ze richt, is het goed.

Als een goede leerling van Jefferies staar ik over de kop van de otter heen; ik ben zo dichtbij dat ik al zijn snorharen kan zien, iedere glinsterende druppel water op zijn vacht.

Helaas is Rupert de borderterriër, die ik aan de lijn heb met een stuk touw, niet op de hoogte van Jefferies' regel voor het observeren van wilde dieren. Ik voel hoe hij trekt. Naar alle waarschijnlijkheid is hij wel aan het staren. En ontbloot hij zijn tanden.

Nadat hij zich ongeveer twee minuten heeft gereinigd, houdt

de otter er opeens mee op en kijkt hij om zich heen. En ziet hij ons. Met aanzienlijke zelfbeheersing slentert hij over de stenen in het ondiepe water en klautert hij de tegenoverliggende oever op. De otter is niet echt gevlucht – met een militair eufemisme zou je kunnen zeggen dat hij zich heeft teruggetrokken. In het water is de otter bedreigend, krachtig, doelgericht. Op het land is hij een klunzige toffeekleurige teckel.

Hij doet me vreemd genoeg denken aan een keurige edwardiaanse heer. (Otters zijn net zo gemakkelijk te antropomorfiseren als mollen.) En dan verontrustend genoeg ook aan de dierentuin van Bristol, de enige plek waar ik eerder een otter van zo dichtbij heb bekeken. Tot mijn eigen verdriet dringt het tot me door dat die otter in de dierentuin van Bristol mijn enthousiasme om een otter in het wild te zien een beetje heeft aangetast. Ik heb de kopie eerder gezien dan het origineel. Ik heb eerst een in scène gezet spektakel gezien, en vervolgens een tafereel in het wild.

Hebben we daar niet allemaal onder te lijden? Wordt het plezier van de amateurnaturalist niet verpest door alle natuurprogramma's op tv?

Of misschien heb ik 'Het kunstwerk in het tijdperk van zijn technische reproduceerbaarheid' van Walter Benjamin te vaak gelezen toen ik geschiedenis studeerde.

Een zwarte wolfspin kruipt uit een gat in de grond bij de heg. En verdwijnt gedecideerd in het gras. Een mannetje van *Pardosa amentata*, denk ik. Wolfspinnen weven geen web, maar jagen. Op zijn kop zitten acht ogen die in drie rijen zijn gerangschikt, waardoor hij heel goed kan zien. De eerste rij bestaat uit vier kleine ogen, de tweede uit twee grotere ogen en de derde uit twee ogen van gemiddelde grootte. (De vier onderste kleine ogen zijn zo klein dat je ze nauwelijks zonder vergrootglas kunt zien.) Zijn kijkers zijn beter dan de mijne. Hij ziet haar eerder dan ik. Hij blijft staan en tikt op de grond met zijn voorpoten – zij verstijft. In de loop van de volgende minuut loopt hij voorzichtig op haar af, blijft staan en loopt verder tot hij tegenover haar staat. Dan zwaait hij met zijn palpen naar de zijkant van zijn gezicht alsof hij een zeeman is die heel slecht is in seinen met vlaggen. Zo begint de hofmakerij in de stinkende, besloten wereld van de moslaag.

Het is verstandig dat hij op zijn hoede is. Bij spinnen is het vrouwtje veel dodelijker dan het mannetje. Damesspinnen genieten terecht de reputatie dat ze hun verleiders na de daad vermoorden. Het is echter nog steeds niet helemaal duidelijk waarom ze dit doen. Volgens sommige biologen komt het door een combinatie van vrouwelijke honger en de beschikbaarheid van een maaltijd die niet in de gelegenheid is om weg te rennen. Anderen vermoeden dat het mannetje in wezen zijn leven opoffert ten faveure van zijn genen. Wanneer hij een maaltijd voor zijn liefje wordt, helpt hij dus, met andere woorden, het product van hun paring.

Hij tikt met zijn poten. Zij zit kwaadaardig naar hem te staren, maar de vibraties die hij uitzendt moeten wel goed zijn. Dit schimmige voorspel kan uren duren. Maar soms ook slechts een paar minuten, zoals vandaag. Ze wil hem wel. Hij gaat er snel vandoor. Heel verstandig, denk ik. En belachelijk genoeg slaak ik een zucht van opluchting.

Andere spinnen hebben al gepaard. Op plekjes waar het gras opzij is gewaaid of door dieren is platgetrapt, zitten vrouwtjes van de zon te genieten en hun eieren, die aan een afzichtelijke cocon aan hun achterlijf zijn bevestigd, op te warmen. Een droge molshoop is een bijzonder geliefde plek voor deze prenatale zonnebaden.

Ik besluit op spinnenjacht te gaan, gewapend met een vergrootglas waar Sherlock Holmes jaloers op zou zijn. En vind: in de sloot van de watersalamanders de poelpiraat, *Pirata piraticus*; in het gras en in de heg zit ook *Pisaura mirabilis*, de grote wolfspin of kraamwebspin, waarvan het mannetje het vrouwtje lokt door haar een dode vlieg of een ander insect, verpakt in een zijden pakketje, aan te bieden. *Pachygnatha degeeri*, de kleine dikkaak; *Clubiona reclusa* (zompzakspin); *Clubiona lutescens* (bonte zakspin); *Lepthyphantes ericaeus* (het heidebodemwevertje, een hangmatspin); *Lepthyphantes tenuis* (slank wevertje, een hangmatspin); *Dismodicus bifrons* (hoog bolkopje, een hangmatspin), een buitengewoon veelvoorkomende bewoner van graslanden die wordt aangetroffen tussen de bovenste lagen van de bodemvegetatie en het strooisel op grondniveau; *Gongylidiellum vivum* (nagelpalpje, een hangmatspin); *Meioneta rurestris* (het veldprobleemspinnetje, een hangmatspin). De hangmatspin, in zijn verschillende soorten, is een van de meest voorkomende spinnen in graslanden. Volgens mijn eigen schatting deel ik het weiland met meer dan twee miljoen van deze piepkleine spinnetjes, die soms niet meer dan vijf millimeter groot zijn. Op hun beurt consumeren ze meer dan tweehonderddertig kilo aan ongewervelde dieren. Ondanks al zijn bedrijvigheid in het weideland, moordt de hangmatspin ook nog op elegante wijze door zijn slachtoffer in zijden draden te wikkelen voordat hij hem afmaakt met een giftige beet.

De spinnen reizen op dezelfde zijden draden, een persoonlijk vliegend tapijt.

28 juni. Onder een lucht vol kwetterende zwaluwen ren ik langs de oever. Twee van de varkens – Gloucester Old Spots – zijn uit de boomgaard ontsnapt. Net als de spijbelende koe hebben ze hun zinnen gezet op het weelderige gras van Lower Meadow, waar ze het toegangshek met hun snuit uit zijn hengsels hebben gelicht en nu vol overgave aan het grazen zijn. Hun bek is epileptisch, schuimend groen. Ze zijn zo blij als een feestvarken.

Toen Freda jonger was, ongeveer acht, denk ik, waren we haar een keer kwijt. Zestien hectare is nog veel groter wanneer je je kind niet kunt vinden en er langs de hele oostgrens een rivier stroomt en een weg langs de westkant loopt. Een weg waar auto's rijden.

Freda was kort voor twaalf uur 's middags opeens zoek, op een dag dat de zon recht op ons hoofd brandde en het land zijn adem inhield. Penny – die minder snel in paniek raakt – begon het huis en de tuin methodisch te doorzoeken, terwijl ik snel door de velden naar de rivier liep. Binnen de kortste keren was ik aan het rennen. En aan het roepen. Bij iedere vreemde vorm in het water – een plastic zak van voer, een aangespoelde kapotte gegalvaniseerde emmer – vreesde ik meteen het ergste.

Niets. Badend in het zweet begon ik in mijn rubberlaarzen de heuvel op te rennen – wat me gewoonlijk helemaal niet lukt – en besloot ik de weg af te snijden via de varkensren om bij de velden naast de weg te komen. Toen ik door het metalen hek vloog en bij de naakte aarde van de varkensren kwam, zag ik, vanuit mijn ooghoek, Freda's kleren tussen een rij roze varkens die erbij lagen als worsten in een verpakking.

Ik kan je vertellen hoe het einde van de wereld eruitziet. In een kring om je heen lost alles op en smelt het om je duidelijk te maken dat het leven een illusie is, een mooie façade voor de eeuwig uitdijende chaos van het universum. Gedurende één angstaanjagende seconde dacht ik dat de varkens Freda hadden opgegeten.

Toen ik naar voren struikelde zag ik dat Freda de kleren nog aanhad. Ik zag dat ze nog heel was. Toen ik bij haar was en haar mooie gezicht met de rode wangen aanraakte, zag ik dat ze nog ademde. De wereld kreeg weer kleur. De tijd begon weer in zijn normale tempo te verlopen. Waarschijnlijk verbeeld ik me dit, maar ik weet zeker dat de vogels weer begonnen te fluiten. Freda lag diep te slapen tussen twee varkens. Toen ze mijn vingers op haar gezicht voelde, opende ze haar ogen. 'Hoi papa,' zei ze, en toen draaide ze zich weer op haar zij zodat ze het varken naast haar beter kon vastpakken. Het varken knorde lichtelijk geërgerd en verplaatste toen zijn gewicht, zodat zij makkelijker kon liggen, en veroorzaakte een domino-effect van varkens die allemaal gingen verliggen in de zon.

Ik heb nog een herinnering aan varkens. Een herinnering uit

mijn eigen jeugd. Ik ben ongeveer zes en ik sta op een limonadekist van Davies Brooke en leun met mijn armen op de betonnen muur van de varkensstal bij het huis van mijn grootouders. De varkens dringen en krijsen opgewonden omdat ze de emmers met de warme brij van restjes uit de keuken al kunnen ruiken en weten dat Poppop, zoals we mijn opa noemen, die zo in hun metalen troggen zal gooien. Wanneer hij het eten uit de emmers kiepert, kijk ik stiekem naar de dunne armen van mijn opa, die gelooid en bruin zijn onder zijn opgerolde hemdsmouwen. Ik ben altijd gefascineerd door zijn armen omdat de pezen – na vijftig jaar werken op het land – strakgespannen stalen kabels zijn.

De varkens dringen en beuken elkaar aan de kant zodat de pikorde gehandhaafd blijft – varkens zijn bijzonder hiërarchisch ingesteld – en de alfavarkens de grootste en beste porties kunnen inpikken. ‘Hier moet je altijd aan denken bij varkens, Jahn,’ zegt hij, en dan mept hij opeens een varken tegen zijn oor met een schep. Er klinkt een knor uit de krochten van de tijd, uit de moerassen van prehistorische tijden, wanneer het varken in het blad bijt. Poppop trekt de schep weer terug, buigt voorover en wijst naar het blad terwijl hij hem een beetje omdraait zodat het ochtendlicht erin valt. Het varken heeft diepe tandafdrukken in het staal achtergelaten. Mijn grootvader is een man van weinig woorden, maar zijn daden spreken voor zich. Ieder dier dat een tandafdruk in staal kan achterlaten kan zo een arm of een been afbijten.

Het probleem met varkens is dat je nooit zeker weet hoe ze zullen reageren, suffig en vreedzaam of enorm agressief. De stekelige Gloucester Old Spots vinden het niet prettig dat ik ze van het gras duw, en eentje haalt uit en probeert me te bijten. Een haaienbek is naar verhouding redelijk zacht en lieflijk.

Tegen de tijd dat ik ze eindelijk naar hun ren heb weten te leiden, lopen ze al veel te lang in de brandende zon en zijn hun bleke oren verbrand. Ze knorren tevreden wanneer ik er zonnebrand op smeer.

De Gloucester Old Spots en de weggelopen koe zijn niet de

enige die mijn gras lekker vinden. In de schemering is ook een snuffelend gezelschap dassen van het spul aan het eten.

Jonge kauwen die zijn uitgevlogen uit de vervallen schuur in het bosje razen door de lucht. Een torenvalk bidt boven het weiland; zonlicht filtert door de boswilg en maakt de roofvogel onzichtbaar. Door tunnels in het gras hollen veldmuizen die tijdens het rennen urine druppelen. De valk, denkt men, ziet het ultraviolette licht dat door de urine wordt gereflecteerd. De bomen werpen hun schaduwen op het zuchtende gras. Zweefvliegen vliegen brommend naar de schuimige koppen van het fluitenkruid. Koolwitjes komen samen op de bloemhoofden van distels. Sprinkhanen en bijen zingen op het briesje en de vogels kwinkeleren in koor terug. Het hele landschap is in beweging.

Behalve de ringslang – die vreedzaam op een steen bij het hek ligt en er merkwaardig onwerkelijk uitziet. Dit is de enige keer dit jaar dat ik de slang zie. Ik kijk of de valk nog bidt, maar zie hem niet door het schaduwspel van de zon in de wilgen. En wanneer ik vervolgens weer naar de slang wil kijken, is hij opeens weg.

29 juni. Wolken jagen hun schaduwen over de berg, door de vallei, over het weiland en over de lappendeken van velden op Merlin's Hill. Dat is niet het enige dat beweegt. Er zitten zoveel kleine glimmende kikkers in de sloot van de watersalamanders dat de zegge eromheen lijkt te trillen.

30 juni. De hooitijd nadert. Dit is het moment waarop boeren hun oude tractors uit een stoffige hoek van hun schuur rijden, en

ik ben geen uitzondering. Ik ben de hele dag bezig met het onderhoud van onze International 474 uit 1978. En met de vingermaaibalk, die eruitziet als een horizontale heggenschaar die aan de achterkant van de tractor wordt bevestigd. En ook met de balenpers. Een lange dag van olie en moersleutels. De jongen van de pimpelmezen die in de spleten tussen de B2-blokken van de stallen wonen, bieden echter wel gezelschap. Ze hebben nog niet geleerd dat ze soms bang moeten zijn en moedigen me aan.

Juli

Blauwe knoop

Alle vogels zijn gestopt met zingen. Het geluid van het veld is een laag insectoïde gebrom.

Ik inventariseer de grassoorten: gewoon struisgras, Engels raaigras, kamgras, grote vossenstaart, gewoon reukgras, trilgras, roodzwenkgras, kropaar, timoteegras, ruw beemdgras. Op plekken waar vroeger alleen is gegraasd: ruwe smele. Het grootste deel van het gras is uitgebloeid en heeft lege helmstokken achtergelaten. Het hooi zou geschikter zijn als voer als het gras nog niet was doorgeschoten, maar ik maai pas wanneer de weidebloemen vrucht hebben kunnen zetten, omdat de bloemen zich dan kunnen vermenigvuldigen doordat de zaden worden verspreid als neveneffect van het maaiproces.

2 juli. De ochtendmist wordt verscheurd door een hele familie van vijf groene spechten die opeens tevoorschijn komen van de landtong. Een van de vliegende juwelen lacht krankzinnig in het voorbijgaan. Groene spechten eten voornamelijk wormen en insecten – tussen het schaarse gras onder de elzen, dat nauwelijks licht krijgt, zitten allemaal gaten van hun snavels.

Net als iedereen die op het land werkt, zie ik levende wezens als voortekens. De groene specht is de ‘regenvogel’ uit de Britse folklore. In Frankrijk noemen ze hem nog steeds *pic de la pluie* en zien ze zijn spottende roep als aankondiging van een regenbui:

Lorsque le pivert crie,
Il annonce la pluie.

Volgens de ornitholoog Edward Allworthy Armstrong was de groene specht lang geleden het object van een neolithische cultus. Op de aanbidding van de specht volgden andere godsdiensten en uiteindelijk het christendom. Bepaalde elementen van de cultus zijn blijkbaar blijven hangen, want verhalen over de groene specht die tegen Gods geboden zondigt zijn wijdverbreid. Een Duits volksverhaal vertelt dat *Picus viridis* weigerde gevolg te geven aan Gods bevel om een put te graven omdat hij zijn prachtige groen-met-rode verenkleed niet vuil wilde maken. Voor straf mocht de vogel nooit meer uit een poel of stroom drinken. Daarom roept de vogel de hele tijd om regen en vliegt hij rond om regendruppels op te vangen.

Later: een enorme bui. Die is ongetwijfeld door de groene spechten opgeroepen.

3 juli. De poppen van de sint-jansvlinders zijn aan het openbarsten. Welke drang heeft de rupsen er in het voorjaar toe aangezet om grassprieten op te kruipen, een cocon om zich heen te spinnen en ervan uit te gaan dat er vanzelf een tijd zou komen om weg te vliegen? Terwijl ik stilsta bij de ondoorgrondelijkheid van dit alles kruipt er een gemetamorfoseerd wezen uit zijn expressionistische pronkkast in het gras – het is een haveloos zwart wezen dat je niet snel in verband zou brengen met de vlezige gele rups die verpopte. De sint-jansvlinder wordt mooi in de middagzon – hij vouwt zijn vleugels open en laat ze drogen, waardoor de karmozijnrode vlekken waaraan deze dagactieve nachtvlinder zijn Engelse naam *six-spot burnet moth* te danken heeft zichtbaar worden. De vlekken zijn echter niet echt karmozijnrood, maar eerder scharlaken, het scharlaken van *Cabaret* en Berlijnse bordelen. De rode vlekken op de vleugels van de nachtvlinder zijn niet alleen een lokmiddel voor andere sint-jansvlinders, maar ook een manier om te zeggen dat hij oneetbaar is. De rupsen van de sint-jansvlinder absorberen waterstofcyanide (HCN) van de glucosiden in hun voornaamste voedselbron, de gewone rolklaver. De HCN wordt tijdens het popstadium tot de volwassenheid vastgehou-

den. Met zijn opzichtige uitdossing waarschuwt de nachtvlinder dat hij niet smakelijk is, en misschien zelfs dodelijk. (In biologenjargon heet deze afschrikwekkende kleuring 'aposematisme'.) Terwijl de sint-jansvlinders zich ontpoppen op deze zalige middag van grenzeloze hoop, bereiken ook de bloemen van hun geliefde distels hun paarse piek – de gewone rolklaver voor hun toekomstige jongen bloeit al tussen het gras. Alles verloopt keurig in de juiste volgorde.

In het weiland doen de distels het goed, hoewel ik ze probeer te beperken tot een anderhalve meter brede strook langs het noordelijke uiteinde van de heg langs Marsh Field. Distels hebben een onmiskenbare zucht naar *Lebensraum*. Door het hele weiland, vooral op de landtong en bij de sloot van de watersalamanders, staat de kale jonker, een twee- of meerjarige vederdistel die je moeilijk over het hoofd kunt zien: hij wordt een meter tot anderhalve meter hoog. Een bijzonder mooi exemplaar wordt belaagd door koolwitjes, die zich voltanken met nectar voordat ze dromerig verder fladderen en op zoek gaan naar een partner.

Er staan zoveel distels bij het hek naar Marsh Field dat ik betwijfel of ik het open zal kunnen krijgen. Ik heb tot nu gewacht om ze met een snoeimes te verwijderen omdat dit de oudste regel van de Britse landbouw is:

Cut thistles in May
They grow in a day
Cut them in June
That is too soon;
Cut them in July,
Then they will die.*

* Als je distels in mei snoeit/ zijn ze in een dag weer terug./ Als je ze in juni snoeit,/ ben je te vroeg./ Als je ze in juli snoeit,/ gaan ze wel dood.

9 juli. Op een schitterende, merkwaardig elektrisch geladen middag die oprijst uit een grauwe ochtend neem ik Edith mee wanneer ik houtduiven ga schieten. Door het hoge, natte gras wordt mijn spijkerbroek kleddernat boven mijn rubberlaarzen. Edith, die aan de rand van het veld onder de beschutting van de twee eiken patrouilleert en tot haar nek doorweekt is, blijft opeens staan en zet haar nekharen cartoonesk overeind. Ze heeft een van de vossenwelpen gezien – nu duidelijk een juveniel – die ligt te slapen en zijn neus in zijn staart heeft gestopt, op een droog stuk tussen de wortels van de eiken. Een pluizig karmozijnrood kussentje.

Tot Ediths grote teleurstelling maken we geen slapende vossen wakker. Ook de houtduiven blijken geen gevaar te lopen – wanneer ik op minder dan vijftig meter genaderd ben, vliegen ze op uit het bosje.

12 juli. Hoogzomer en je kunt het universum horen. Het geaccumuleerde geluid van groei in het weiland en in de heggen, van stuifmeel dat wordt losgelaten, van partikels die bewegen in de warmte, is zo overweldigend dat alle piepkleine bewegingen samen een aanhoudend gegons voortbrengen: het geluid van de zomer.

Tegelijkertijd verscheuren gierzwaluwen de stof van de lucht met hun vleugels als zeisen. Het duizendblad staat hoog en de bloemen van de meidoorn zijn in harde groene bessen veranderd. Zwarte bonenluizen vergrijpen zich aan de distels, net als kleine rode weekschildkevers (*Rhagonycha fulva*) die staart aan staart met elkaar paren.

In de woonkamer heeft mijn zoon een stapel foto's op de bank achtergelaten. Op een daarvan houden hij en een stel vrienden van school een lange ketting van madeliefjes vast, waardoor ik ging nadenken over de betekenissen die mensen aan bloemen hechten.

Veel meisjes gebruikten vroeger veldbloemen om de liefde te voorspellen. Blaadjes werden van madeliefjes geplukt op de woorden: 'Hij houdt van me, hij houdt niet van me.' De graankorrels van het Engels raaigras werden geplukt op het volgende versje waarmee het beroep van de aanstaande kon worden vastgesteld: 'Edelman, bedelman, dokter, pastoor, koning, keizer, schutter, majoor.' De knoppen van de beemdkroon (*Knautia arvensis*) kregen allemaal de naam van een vrijer, en de eerste die openging was de man die met je zou trouwen. Wanneer je zwart knoopkruid (*Centaurea nigra*) van zijn bloemen ontdeed en tussen je borsten stopte, wist je de volgende ochtend dat je liefde oprecht was wanneer het weer bloesem had gekregen.

Iets fijnzinniger was *Le Langage des fleurs*, een gids over de manier waarop je geheime gevoelens kon overbrengen door bloemen te sturen. Dat boek van Charlotte de la Tour verscheen in 1819 voor het eerst in Frankrijk en was enorm populair in Engeland. Koningin Victoria droeg klimopbladeren in haar haar om uitdrukking te geven aan haar trouw aan Albert.

Verder zijn er natuurlijk talloze bloemennamen die als meisjesnamen worden gebruikt.

Er zijn bloemenspelletjes, zoals: hou je van boter? Men hield een boterbloem onder de kin om vast te stellen of het slachtoffer van boter hield. Wanneer je bij volle maan een grote boterbloem tegen de nek krijgt of gewoon aan de bloem ruikt, word je krankzinnig, vandaar de Engelse volksnaam *crazy* of *crazy bet*.

Kleefkruid werd aan de achterkant van blazers geplakt.

En mijn favoriet: een dikke grasspriet tussen aaneengesloten duimen zodat het een riet wordt, waarop wordt geblazen. Het geluid, afhankelijk van de fijnzinnigheid, is ofwel een scheetkus, een wulpachtig gefluit of de tuba in de vijfde symfonie van Beethoven.

De diepe voren in de bladeren van de smalle weegbree hebben

de soort in Groot-Brittannië de naam *ribwort* (ribplant) opgeleverd. Andere bijnamen geven aan dat het stekelige zwarte bloemhoofd in een spelletje wordt gebruikt, waaronder *soldiers* en *fighters*. Weer andere namen verwijzen naar het feit dat boeren vroeger probeerden te beoordelen of een hooiberg in brand zou kunnen vliegen door aan het blad van de smalle weegbree te voelen en te kijken hoeveel vocht er nog in het hooi zat. Vandaar *fire-leaf* en *fire-weed*.

Stuifmeelanalyse heeft aangetoond dat smalle weegbree zich heeft verspreid toen de neolithische landbouw toenam en het oerbos geleidelijk verdween. Ik moet haast wel aannemen dat neolithische boeren smalle weegbree even nuttig vonden als ik om vast te stellen wanneer je moet hooien. Wanneer je *soldiers* kunt spelen met het bloemhoofd van smalle weegbree kun je gaan hooien. En het is tenslotte juli, de maand waarin de middeleeuwse kalender aanraadde: 'Met mijn zeis maai ik mijn weiland.'

16 juli. Onder de hazelaar in het bosje zit een vos (de moervos, denk ik) haar voorpoten te wassen, een gloeiend kooltje in de ondergaande zon. Tien meter verderop zit een konijn op een mierenhoop, duidelijk in het zicht van de vos. Het konijn zit zijn kop te wassen met zijn voorpoten. Ze negeren elkaar. En de leeuw zal neerliggen met het lam, de vos met het konijn op deze prachtige, gelukkige avond.

19 juli. De dag van de vliegende mieren. Een zachte middag waarop duizenden en duizenden gevleugelde mieren uit de nesten in Lower Meadow en Bank Field worden verdreven. Dit is een geregisseerde republikeinse revolutie; hoewel de nesten tweehonderd meter van elkaar gescheiden zijn, verdrijven de werksters in beide

nesten de gevleugelde koninginnen en hun gevleugelde mannetjes ongeveer op hetzelfde tijdstip, namelijk kwart over vijf.

Op de toppen van beide mierenhopen wemelt het van de insecten, die slaperig wegvliegen voor een bruidsvlucht waarbij de mannetjes de koninginnen achternazitten om hoog in de lucht te paren. De Club van Honderd Meter. De gevleugelde mieren stijgen al snel op in rokerige pluimen en landen vervolgens overal, ook in mijn haar en op mijn armen. Hoe meer ik er wegveeg, hoe meer er lijken te landen. De rookpluimen lossen op, waardoor de zwermende lucht boven het weiland grijzig kleurt.

Het is een slimme zet van de horlogemaker om deze bruidsvluchten synchroon te timen. Doordat de mieren van verschillende kolonies tegelijkertijd in de lucht zijn, wordt de kans op inteelt verminderd. En vogels die mieren eten weten zich ook geen raad met deze plotselinge overvloed aan voedsel – de witte kwikstaarten halen hun porties insecten binnen, de grauwe vliegenvanger vliegt van het hek naar de passerende stroom mieren, en de lucht begint te wervelen van de gierzwaluwen, boerenzwaluwen en huiszwaluwen. Maar de vogels kunnen ze lang niet allemaal op.

Enkele bevruchte koninginnen zullen het overleven en ergens een nieuwe kolonie stichten. En in de natuur wordt niets verspild. De lichamen van de dode mieren zullen als voeding voor de grond dienen. Stof zijt gij en tot stof zult gij wederkeren.

De bloemhoofdjes van het duizendblad in het gras zijn wit, schijven van kunstzinnig geordende juwelen. Maar vooral de opvallende bladeren zijn de sleutel als je ze wilt identificeren, want deze zijn lang en fijnvertakt, waardoor ze uit duizend blaadjes lijken te bestaan – vandaar *millefolium*, ofwel duizendblad, zoals ook een deel van de Latijnse naam luidt. Er zit waarschijnlijk meer folklore vast aan het duizendblad dan aan willekeurig welke andere plant. Voor de oude Grieken was het de plant die Achilles gebruikte om de wonden van zijn troepen in Troje mee te verbinden. De Chinezen telden en sorteerden de gedroogde stengels van het duizendblad bij het raadplegen van de I Tjing, het Boek der Veranderingen. De Kelten waren ervan overtuigd dat de plant psychotropische neigingen had en dat iemand die een brouwsel van het duizendblad dronk zijn toekomstige echtgenote kon zien. De middeleeuwse Engelsen waren al met al iets nuchterder: zij vonden het duizendblad vanwege zijn bittere smaak ideaal als kruid voor hun bier.

Ik pluk het omdat je er een verfrissende thee van kunt zetten.

Je krijgt altijd hoofdpijn van hooien, vooral wanneer je een ouderwets weiland op de ouderwetse manier maait. Pas in de derde week van juli zijn de jongen van de wulp voldoende volgroeid om uit te vliegen. Ik zie ze vertrekken wanneer ik op een ochtend in Road Field ben en toevallig naar het weiland kijk. Ik zie vier wulpen rondcirkelen, vervolgens boven mijn hoofd een rij vormen en ten slotte wegvliegen over de berg, in een rechte lijn naar het westen. Ze zijn zich niet van mijn aanwezigheid bewust, maar dat weerhoudt me er niet van om me zo trots en verdrietig te voelen als een ouder wanneer ik ze zie vertrekken.

Er zijn andere wilde dieren en ook planten waarmee ik rekening dien te houden in de hooitijd. Pas in de laatste week is het zaad van de kleine ratelaar gevormd, en dit is een van de planten die ik graag help. Dan is er de veldleeuwerik die nog steeds broedt, maar ik baken een stuk land af zodat ze op haar gemak in een ongemaaid eiland kan blijven zitten. De graspieper zit op haar tweede legsel, en daarom krijgt zij ook een privé-eiland.

In geen enkele andere tijd van het jaar is er een groter contrast denkbaar tussen de oppervlakkige vredigheid van het land en mijn geestestoestand dan in de hooitijd. Men moet hooien als de zon schijnt, luidt het spreekwoord. Maar wanneer zal de zon schijnen, hier achter de bergen in het westen van Engeland, waar de gemiddelde neerslag een meter per jaar is? Ik luister obsessief naar de weersvoorspellingen op de radio en zit als een nerd weerberichten te googelen, vooral de Scandinavische, omdat onze vriendin Annie me ervan heeft overtuigd dat die het betrouwbaarst zijn. Net als hun auto's. Ik zoek naar de Volvo onder de weersvoorspellingen.

En die vind ik. Een Zweedse weerman die het bij het juiste eind heeft over bijna alle aspecten van het weer in het zuidwesten van Herefordshire voorspelt tien droge dagen vanaf 24 juli.

Om twaalf uur, wanneer de dauw is verdwenen en er veel stuifmeel is door de hoge temperaturen, begin ik te hooien. Het veld ruikt als honing.

Grappig, de dingen die je aan vroeger doen denken. Een paar jaar geleden heb ik de deuren en het achterraam uit de cabine van de tractor verwijderd, waardoor het een veel coolere en authentiekere ervaring was om in de tractor te zitten. (En door dit 'ontpimpen' was het ook veel makkelijker om eruit te springen; de elektronica in de cabine is een keer in de fik gevlogen, en toen moest ik er wel uit springen; het dashboard ziet er nog steeds uit alsof het door Dalí is geschilderd.) Iedere keer dat ik nu in de cabine stap moet ik denken aan een foto van mijn grootvader. Hij rijdt in een Ferguson T20 en staart geconcentreerd over zijn schouder naar de ploeg die achter de tractor hangt. De T20 glimt, zeker omdat het regent. Mijn grootvader is gehuld in een grijze regenjas. Er is geen cabine.

Gezien de leeftijd van mijn grootvader en de nieuwheid van de Fergie schat ik dat de foto rond 1958 is genomen. Ze hebben het beroep van boer een jaar later definitief verpest. En ze hebben het verpest door cabines op tractors te zetten. Daardoor stond de boer niet meer bloot aan de elementen en was hij niet meer dicht bij de aarde. Hij zat nu alleen nog maar hendels over te halen in een mobiel kantoortje dat was voorzien van verwarming en een radio. Ik heb in tractorcabines met airco en een plasma-tv gezeten waar je letterlijk rustig achterover kunt leunen terwijl de computer het werk van je overneemt.

Omdat je met een tractor niet kunt keren wordt er in elliptische 'banen' gehooid en geploegd, waarbij er aan het einde van het weiland een ruime bocht wordt gemaakt en de parallelle banen van de tractor over het veld elkaar uiteindelijk ontmoeten.

Wanneer ik ongeveer twintig minuten bezig ben met de vingermaaibalk heb ik ongeveer een kwart hectare gemaaid en vormt het gemaaide gras prachtige, lange vlechten, die zijn doorweven met het geel van boterbloemen, het rood van klaver, het oranjegeel van de gewone rolklaver, met hier en daar een vleugje roze van de echte koekoeksbloem, het wit van Franse aardkastanje, muur en de gewone hoornbloem. De geur van het gewoon reukgras is zo sterk dat ik de stank van de uitlaatgassen van de International niet meer ruik. En de zon schijnt in een lucht die zo blauw is dat het wel de eerste dag van de schepping lijkt.

Met veel kabaal komt er abrupt een einde aan mijn bucolische gedagdroom. De vingermaaibalk is op een steen gestuit. (Die is waarschijnlijk naar boven gebracht door mijn mollen.) Een van de messen is gebogen, het andere kapot; het hele ding is naar de filistijnen.

Ik ga naar huis en zoek ongeveer een uur op internet naar een vervangend exemplaar. De goedkoopste die ik kan vinden is een tweedehandsje voor 339 pond, maar het probleem is de levertijd: minimaal drie dagen. Daarom bel ik de buren om te kijken of ik een vingermaaibalk kan lenen, maar het probleem is dat de vingermaaibalken niet passen of al in gebruik zijn. Daar zit iets in. Door de geopende ramen hoor ik overal op de heuvels en in het dal het geluid van gonzende, brullende en brommende maaiers.

Ik denk dat ik al weet wat ik ga doen en ik durf niet met zekerheid te zeggen of ik, op de een of andere paranormale manier, die ellendige steen daar zelf heb neergelegd.

In de koeienstal, bij de andere gereedschappen en hulpstukken uit vervlogen tijden, staat een zeis. Echt zo'n zeis voor Magere Hein, met een gebogen eikenhouten steel en twee handvatten. Ik zal met de hand gaan hooien.

Grappig, de dingen die je aan vroeger doen denken. Ik scherp de zeis, met de steel op de vloer, met zijdelingse en opwaartse slagen van de wetsteen op de snijdende kant. (De juiste term voor het mes is 'blad'. Er bestaat een hele vreemde wereld van zeisenjargon.) En tegelijkertijd zie ik mijn vader d'Artagnan-achtige bewegingen maken met een wetstaal om het zondagse vleesmes te scherpen.

De Engelse zeis is een monster met zijn zware steel van essenhout en een grof metalen blad. Dit is een antiek model dat ik in de stal heb gevonden toen we hier kwamen wonen. Daarom is hij gemaakt voor iemand die aan het begin van de twintigste eeuw in Herefordshire leefde en dus waarschijnlijk ongeveer een meter vijfenzestig was. De essenhouten steel is weliswaar aangevreten door de houtworm, maar er is nog genoeg van over om de handvatten, die met metalen klemmen aan de steel zijn bevestigd, meer dan tien centimeter te verschuiven. Een goede zeis moet net als een jachtgeweer bij het individu passen. In de volmaakte wereld, die ik nooit kan vinden, zou hij op maat gemaakt moeten zijn.

De kunst van het maaien met een zeis is om het blad vlak boven de grond te houden, zodat hij ongeveer een millimeter boven de bodem glijdt, en de zeis in een boogvorm rond het eigen lichaam te zwaaien. Je moet je knieën buigen en je gewicht (als je rechts bent) tijdens het maaien van het rechter- naar het linkerbeen verplaatsen. Een man die met een zeis maait moet iets weg hebben van iemand die aan tai chi doet. Dit weet ik allemaal omdat ik al eerder met een zeis heb gemaaid. Als tiener maaide ik de moeilijk bereikbare stukken tussen de bomen in onze boomgaard met een zeis. Sinds die tijd gebruik ik de zeis ook wel om onkruid te snoeien.

Maar wanneer ik op deze ochtend maai buigt het gras voor het blad om vervolgens giechelend overeind te komen. Het helpt ook niet dat het gras iedere minuut droger wordt – je moet met een zeis maaien wanneer het gras zwaar is van de ochtenddauw.

Het is ook een enorme inspanning om te blijven zwaaien. Het blad moet iedere tien minuten worden gescherpt ('gewet' in het jargon), en al snel kijk ik vol verlangen uit naar de geplande pauzes waarin ik de wetsteen (of 'strekel') uit de emmer water haal en langs het blad beweeg. Ik begin ook blaren op mijn handen te krijgen. Ik heb pijn in mijn rug en krijg, om het optimistisch uit te drukken, 'een kleurtje in mijn gezicht'. Om het minder vriendelijk te formuleren: ik lijk wel een Brit in Benidorm. Ik heb een diepe snee in mijn vinger omdat ik zo stom ben geweest om die langs het blad te halen om te voelen of dat wel scherp genoeg was. Wanneer ik twee uur in de brandende zon heb staan werken, heb ik ongeveer een tiende hectare gemaaid. Met een tractor had ik dat in vijf minuten gedaan. Of nog sneller.

Uit een waterval van transpiratie duikt Penny engelachtig op met een mok thee. 'Hoe gaat het?' vraagt ze met een grijns.

'Fantastisch!' roep ik uit. En ik meen het. In de tien jaar dat ik nu boer ben, ben ik nog nooit ergens zo tevreden over geweest, behalve misschien over het kalveren.

Ik ben bijna in extase. Het gras dat ik heb gemaaid ligt in nette banen ('zwaden') aan de linkerkant van het gebogen blad, en nu ik het gewone reukgras van zo dichtbij ruik, begin ik bijna te denken dat ze het in Arcadië als deodorant gebruiken. Maar ik ben vooral dolblij omdat het gras er zo goed uitziet en zo goed voelt. Nu ik de slag van het maaien met de zeis weer te pakken heb, vallen de stengels zijdezacht neer en glijden ze over elkaar heen alsof ze van gras zijn gemaakt en niet van glas.

Hooi uit een mechanische maaier is zowel gekneusd als gemaaid. Hiervoor zag ik dat als iets goeds omdat gekneusd gras sneller droogt doordat het celvocht kan verdampen. Maar dit gras is een openbaring. Ik zie en ruik hoe goed het is.

Die middag keer ik de banen eenmaal om met een riek.

In het labyrint van mijn geheugen heb ik gezocht naar een fragment over handmatig hooien dat ik ooit heb gelezen, en uiteindelijk heb ik het teruggevonden in *The Worm Forgives the Plough*, John Stewart Collis' autobiografische relaas over het werk op het land tijdens de Tweede Wereldoorlog:

> Landarbeiders hemelen zelden iets op en geven nooit toe dat ze een bepaalde taak op wat voor manier dan ook leuk vinden, en behalve de ouderen heeft niemand bezwaren tegen het invoeren van een mechanisch hulpmiddel. Maar het hooien vormde hierop een uitzondering – hier in elk geval wel. Stuk voor stuk hadden ze niet alleen een enorme hekel aan het werk zoals dat tegenwoordig werd gedaan, maar verheerlijkten ze ook het verleden. Toen *hooiden* we tenminste nog, zeiden ze. Destijds zagen ze het als een soort vakantietijd en kwamen hele families naar het weiland, waar grote picknicks plaatsvonden en grote hoeveelheden bier vloeiden.

's Avonds loop ik door de lanen van de banen met gemaaid gras; het lijkt enigszins ongepast, bijna exotisch, dat een deel van het bekende veld vlechten heeft. Ik ben niet de enige die een vakantieachtig gevoel van bevrijding heeft, die het weiland opeens als een nieuwe plek ervaart. Iets verderop zijn de jonge konijnen opgewonden en in een verbijsterend tempo rondjes aan het rennen, blij dat ze bevrijd zijn van het lange gras, dat niet erg bevorderlijk is voor hun prestaties.

Het ongemaaide, drassige stuk van ongeveer vijfhonderd vierkante meter herinnert me eraan hoe het hier vanochtend was, bij zonsopgang, aan deze kant van het veld. Hier staat de bloeiende blauwe knoop, die in vochtige omstandigheden gedijt. De blauwe knoop met zijn ronde, knikkebollende, paarsblauwe bloemhoofd geeft een indicatie van de ouderdom van het weideland en is veel mooier dan zijn naam suggereert.

In de Engelse en Duitse naam (*Devil's bit scabious* en *Teufelsabbiß*) wordt de plant in verband gebracht met de duivel. Volgens het vijftiende-eeuwse kruidenboek *Hortus Sanitatis* was de plant de duistere grondstof van de duivel, de bron van zijn kracht. Toen Maria een einde aan zijn heerschappij wilde maken, beet hij uit woede een stuk van de wortelknop af. Volgens een andere, tegenovergestelde verklaring voor de abrupt eindigende wortelstok was *Succisa pratensis* zo nuttig bij het genezen van menselijke kwalen dat de geergerde Lucifer een stuk van de wortelstok afbeet om de geneeskrachtige werking van de plant te halveren. Bij deze verklaring voor de naam van de plant verwijzen *scabious* en *Sabbiß* naar het veronderstelde vermogen om huidziekten te genezen.

De blauwe knoop is in elk geval de voedselbron voor de moerasparelmoervlinder, een van de zeldzaamste vlinders van Groot-Brittannië, waarvan het aantal in de vorige eeuw met meer dan vijftig procent is afgenomen. In juli wemelt het in dit stuk van het weiland op de blauwe knopen meestal van de zwarte rupsen van die soort. Moerasparelmoervlinders zijn grillige insecten, en plaatselijke populaties sterven om onduidelijke redenen soms opeens uit. Maar de onze zal toch niet zomaar uitsterven?

De volgende ochtend sta ik voor dag en dauw op en ben ik al vroeg in het vochtige weiland. Vandaag heb ik me beter voorbereid. Ik heb een paar oude leren rijhandschoenen van mijn vader gevonden, het soort dat je met gin-tonic associeert en dat mijn moeder zou hebben gecombineerd met haar hippische hoofddoek van Country Casuals. Van een klein plastic flesje heb ik een houder voor mijn wetsteen gemaakt die ik aan mijn riem kan hangen. Omdat ik geen echte hooivork heb, heb ik onze tuinhark aangepast door de tanden met een tangetje uit elkaar te trekken.

Nadat ik de banen met mijn geïmproviseerde hooivork heb losgemaakt en uitgespreid, begin ik met de zeis te maaien. Rond elf uur, dat tijdstip waarop de landarbeider sinds mensenheugenis uitrust en zijn dorst lest, heb ik ongeveer een derde hectare gemaaid.

Woesj. Woesj. Het zachte geluid van gras dat voor het blad bezwijkt.

Achter me liggen zwaden gemaaid gras van tweeënhalve meter breed. Een boerenknecht zou dit veld van iets meer dan twee hectare vroeger waarschijnlijk in een dag met een zeis hebben gemaaid. Ik ben zo onervaren dat het vermoedelijk een hele prestatie is als ik een halve hectare per dag haal. Of nou ja, ik ben ook naïef en niet heel fit. Moderne mensen, zelfs mensen die lichamelijk werk doen, kunnen niet wedijveren met boeren uit de Victoriaanse tijd, en zeker niet met boeren uit de Middeleeuwen. Maar ik heb tien dagen gekregen van een Scandinavische weergod, dus ik heb nog even de tijd.

De zwaaiende beweging met het blad en het repetitieve gesuis wanneer het lange gras neervalt zijn zo hypnotiserend dat ik in gemijmer verval. De hooier was altijd al een filosoof:

Uit een ander vakgebied, mijn collega's,
Heb ik een idee. Jullie grijnzen.
Maar het hoort bij ons werk. Haal die grijns van je gezicht, en

Zoals mensen zeiden in die dagen:
Dat moet je aan de hooiers vragen.

Uit *The Decade of Sheng Min*,
naar het Engels vertaald door Ezra Pound

Wanneer mensen een orakel of een antwoord nodig hadden, vroegen ze het altijd aan de hooier.

In 'Mowing' verklaarde Robert Frost dat maaien met een zeis de 'zoetste droom is die de arbeid kent'. Mijn lange zeis fluistert ook tegen de aarde en laat het hooi in banen achter.

Toen ik veertien was, werd ik verliefd op een bloemenweide die zich in al zijn volmaaktheid openbaarde achter een houten hek naast de Wye. Bijna alles waarvan ik houd heeft iets met gras te maken. Ganzen, schapen, koeien, paarden. Zelfs honden eten gras.

John Clare vond zijn gedichten in een veld. Soms vind ik woorden. Niets is zo goed als werken op het land als je regels proza wilt zaaien en oogsten.

Ik ben nog nooit zo dicht bij de dieren in het weiland geweest. Bij de bladluis die zich verbeten vastgrijpt aan het neerdwarrelende blad van het zwenkgras, bij de kikker die eroverheen springt, bij het bruine zandoogje dat de nectar van de witte klaver blijft eten wanneer de zeis naar hem toe glijdt, bij het konijn dat zich verscholen had en zich met een wip van zijn witte staart uit de voeten maakt.

Ik weet nu waarom hooiers vroeger voor het hooien de pijp van hun broek dichtbonden. Een verwarde woelmuis rent op me af en vliegt mijn been op door zich met zijn messcherpe klauwtjes in mijn vlees vast te grijpen. Ik heb een wijde korte broek aan en ben gedurende een nanoseconde bijna in paniek. Mijn hoge gil en acceptabele poging tot Iers volksdansen overtuigen de woelmuis ervan dat hij beter van me af kan springen.

Om een uur 's middags heb ik ongeveer een halve hectare gedaan. De rest van de middag ben ik bezig het hooi te keren en te drogen.

Ondanks alle zichtbare en onzichtbare beweging van de zomer is het landschap bevangen door een soort roerloosheid, alsof het onder een glazen stolp ligt.

De volgende ochtend begin ik nog vroeger te maaien omdat de hitte rond elf uur al moordend is. Ik heb nu een soort hooischema dat een landarbeider uit de Tudor-tijd zou begrijpen. 's Ochtends ben ik aan het maaien en 's middags aan het keren. Vandaag is er een optrekkende nevel waardoor de zon iets minder brandt, en dat is zowel voor mij als voor het gemaaide gras bijzonder welkom. Verraderlijk genoeg kan de zon ook te fel zijn voor hooi, omdat het dan net zo gebleekt en levenloos wordt als versnipperd kantoorpapier.

De middag is ook de tijd om het hooi binnen te halen. En dan begint het eigenlijk pas leuk te worden. Ik heb veehekken aan de zijkanten van een aanhanger van vier ton bevestigd zodat deze hoger zijn en de wagen met de International naar het weiland gereden. Ik heb een hooivork. Dus wat kan er nu makkelijker zijn dan het hooi in de aanhangwagen opsteken?

Het antwoord komt de volgende middag. De hoeveelheid hooi is ongekend. Het is rampzalig voor mijn rug wanneer ik er een ton van op een wagen moet opsteken. Ik rijd de tractor naar het erf en de wagen is een Spaans galjoen dat achter me aan vaart. Ik sla het hooi op in de lege stallen.

Die avond kan ik me nauwelijks bewegen en strompel ik rond als een geriatrische dwerg met gastro-enteritis.

Na vier dagen heb ik iets meer dan een hectare gehooid en werk ik in een slakkentempo. Maar ik heb een ingeving gehad. Ik heb twee stukken dekzeil van vijf bij acht meter meegenomen naar het weiland. Wanneer ik deze heb uitgespreid, kan ik het hooi waarvan ik een soort hooiopper heb gemaakt er gewoon op rollen. De dekzeilen kan ik met de jeep naar de boerderij slepen, vervolgens naar de goede plek trekken, zodat ik het hooi er daar weer af kan rollen. Erop en eraf. Ik hoef niet door mijn rug te gaan vanwege het opsteken met de hooivork.

Het enige probleem is dat de dekzeilen door de Red Poll-koeien worden aangevallen wanneer ik ze door het koeienveld trek. Ze stoten ernaar met hun kop en gaan op het tweede dekzeil staan, waardoor ze hem losrukken. Ze beginnen van de inhoud te eten voordat ik ze kan wegjagen.

Hun roofoverval is een soort compliment aan het adres van mijn hooi, denk ik.

De rest van de dag vertikken ze het om ook maar een stap te verzetten in de schaduw, waar ze de insecten verjagen met een Afrikaanse zwaai van hun staart.

De regendaas is een stille en moordzuchtige bijter. Hij komt niet in zijn eentje of met zijn tweeën, maar met hele bataljons, die van een afstand worden aangetrokken door de geur van zweet. Ik word zenuwachtig, net als de paarden, verwacht dat ze me zullen aanvallen en begin paranoïde te meppen wanneer ik ook maar iets op mijn huid voel. Wanneer de regendazen zich langs mijn verdediging weten te manoeuvreren en hun zuigorgaan in mijn lijf steken, mep ik ze dood. *Haematopota pluvialis* betekent 'bloeddrinker van de regen'. Hij is ongeveer een centimeter lang, leigrijs en heet in het Engels ook wel *gadfly*, ofwel zwerfvlieg, een verwijzing naar zijn gewoonte rond te dolen of naar het Middelengelse *gad* voor 'houweel' of 'beitel'.

Nadat ik de bijtende vliegen heb doodgemept, veeg ik het bloed af aan mijn T-shirt. Ik zie eruit als een personage uit *The Texas Chainsaw Massacre*.

Voor de goede orde word ik ook gebeten door *Tabanus bovinus* (de runderdaas), hoewel die een duidelijke voorkeur voor koeien zou hebben.

's Avonds neem ik mijn werk in ogenschouw. De eeuwigheid zou niet lang genoeg duren voor alle zomeravonden waarvan je zou willen genieten als ze allemaal zo waren, ondanks de dazen. Ik kauw op een stengel van een vossenstaart die aan de zeis is ontsnapt.

Nog een zalige, hoopvolle zomeravond in Herefordshire, het onbekende land.

De jongen van de buizerd leren vliegen en veranderen het weiland in hun kinderkamer. Een houtduif koert loom in de eiken. Sprinkhanen tjirpen... Even denk ik dat ik een nachtzwaluw hoor.

Er is hier wel eens een nachtzwaluw geweest, op een soortgelijke warme en windstille avond. In de schemering leek zijn ge*tjurrr* uit het landschap zelf voort te komen, alsof de aarde trilde. Toen vloog de vogel even op tegen de ondergaande zon en deed hij een radslag op de bergtop. Daar leek het tenminste op, in een triomfantelijk moment van trompe-l'oeil. Toen vloog hij weer weg. Voor de nachtzwaluw was het weiland slechts een tussenstop op weg naar Ewyas Harold Common of naar de berg. Hij was niet thuis.

Ik heb ze in het daglicht gezien toen ze als salamanders in de bomen zaten te rusten. Met zijn grauwe verenkleed en zijn gapende snavel is de nachtzwaluw geen mooie vogel. Vroeger dacht men dat hij melk van geiten stal, vandaar zijn plaatselijke bijnaam 'geitenmelker'. Maar de nachtzwaluw eet alleen insecten en vangt zijn prooi in de vlucht, net als huiszwaluwen, maar dan 's avonds en 's nachts, waarbij hij gebruikmaakt van haartjes bij zijn snavel om insecten in de onontkoombare kloof van zijn snavel te leiden.

Ik heb besloten dat ik onder de sterrenhemel zal slapen.

Ze zeggen dat je de jaren zestig niet echt hebt meegemaakt als je je het allemaal nog kunt herinneren. Zo zou je ook kunnen zeggen dat je niet echt onder de sterrenhemel hebt geslapen als je niet bent gebeten door insecten en bent geschrokken van ritselende geluiden. Maar je kunt beter in een slaapzak buiten liggen dan in een tent, want dat is gewoon een huis in een andere vorm. Vannacht is de hemel mijn dak en zijn de heggen mijn muren. Er vliegt een stoet late nachtvogels en vroege vleermuizen over me heen en er verschijnt een egel, die me de schrik van mijn leven geeft met zijn bijna menselijke gesnuif.

De kauwen slapen blijkbaar ook niet, maar kauwenjongen hebben geen benul van gevaar en dienen dus vaak luidruchtig terechtgewezen te worden. Heel vaak, blijkbaar.

Dan slaat het veld zijn zachte vleugels om me heen.

Er ging eens een man uit hooien, er ging eens een man een weiland hooien.

Hooien was vroeger natuurlijk een bezigheid voor de hele gemeenschap, hoewel de pikante traditionele Engelse volksliedjes over hooien suggereren dat rollebollen in het spul ook bij de werkzaamheden hoorde:

> Het was de mooie maand mei in de lente van dat jaar,
> In de weiden in het dal stroomt een rivier zo klaar,
> En alle mannen en alle meiden gingen hooien in die weide
> Om te kijken hoe alle kleine visjes zich daar vermeiden.

Daar komen drie mannen met zeisen met scherpe messen
En lapzakken met donkerbruin bier om de dorst te lessen;
Want er zijn zoveel jongemannen aan het werk getogen,
Ze wetten, maaien en schudden zodat het hooi kan drogen.

En dan komen Will en Tom met hun riek om hooi te maken,
En ook Susan met de zwarte ogen om het hooi bijeen te raken;
Want het was prachtig weer en de vogeltjes zongen zo mooi,
En van 's ochtends vroeg tot 's avonds laat maken wij hier hooi.

En net toen de heldere Phoebus de zon onder begon te gaan,
Toen kwamen er twee fluitende mannen uit het stadje aan.
Ze pakten de trommel en de fluit en de meisjes zongen een lied,
En ze smeten hun vorken en rieken aan de kant en hooiden even niet.

Ze vroegen om een dans en toen sprongen ze in het rond,
Ze rollebolden met zijn allen in het hooi tot de morgenstond.
Met 'kruik! kruik! kruik! en fijne kruik!' zong de nachtegaal zo mooi!
Van 's ochtends vroeg tot 's avonds laat maken wij hier hooi.

Een ander lied, 'As I was a-Walking', vertelde:

Een flinke matroos liep door een weide
Om zich de genoegens van Flora te laten smaken,
Hij zag een stel frisse, jonge meiden
Die het gras bijeen stonden te raken.

Wanneer het heel erg warm is, knauw ik tot grote vreugde van mijn kinderen als een echte cowboy in het Wilde Westen en zeg ik: '*It's hotter'n hell.*'

Ik moet bij zonsopgang opstaan om de hitte voor te zijn, maar rond tienen is het al warmer dan in de Hades. Door het felle ochtendlicht zijn alle details van de berg te zien: de schapen, de verspreide meidoorns, de losse, kale rotsen van de Red Daren.

Ik zit steeds vaker uit te rusten bij de rivier. Spuugbellen komen in flottieljes op me af. Bladeren rollen voorbij. De ijsvogel vliegt langs. *Ziep. Ziep.* De moedereend roept zacht naar haar vier overgebleven jongen, die nu dezelfde bruine camouflagekleuren hebben als zij en wegzwemmen volgens een veiligheidsprotocol waarmee ze nu blijkbaar allemaal vertrouwd zijn. Wanneer ik terugloop naar het weiland verstoor ik de rust van een zonnend oranje zandoogje, dat opschrikt en wegfladdert. De gouden vlinder heeft zijn Engelse naam *gatekeeper* (poortwachter) te danken aan deze gewoonte om op te vliegen: hij deed mensen in de afgelopen eeuwen denken aan de mannen die de tol moesten innen en rechtop gingen zitten wanneer er mensen kwamen.

Het is eind juli en dit is het eerste oranje zandoogje dat ik dit jaar zie.

De volwassen vlinders leggen hun eitjes op grassen onder braambos-, sleedoorn- en meidoornstruiken, waar de dieren niet grazen. 's Nachts ga ik met een zaklamp naar een hoek van Marsh Field die wordt beschermd door een hek met prikkeldraad. De rupsen van het oranje zandoogje, die 's nachts actief zijn, hebben een non-descripte bruine kleur en eten gras, bij voorkeur fijne soorten zoals zwenkgras, struisgras en weidegras. Ik blijf een uur zoeken, maar kan geen rupsen van het oranje zandoogje vinden.

Maar de blauwe knoop in het weiland hangt wel vol met rupsen van de moerasparelmoervlinder, die allemaal punten hebben, als een strijdknots.

En de moerasspirea huppelt nu uit de heg naar de drassige grond bij de sloot van de watersalamanders. *Filipendula ulmaria* was vroeger een gewone verschijning op het Britse platteland, maar de plant verdween tegelijk met de natte graslanden waar hij voornamelijk groeit. De crèmekleurige zomerbloemen ruiken zoet wanneer ik ze onder mijn neus wrijf, maar een oenoloog zou ook een vleugje amandel herkennen. In de Tudor-tijd was de moerasspirea een van de voornaamste 'strooikruiden' in Groot-Brittannië; hij werd op de vloer gestrooid als luchtverfrisser. De grote kruidkundige Gerard ging zelfs zo ver dat hij beweerde dat de moerasspirea:

> beter is dan alle andere strooikruiden om huizen op te fleuren en 's zomers in kamers, zalen en eetzalen te strooien, omdat de geur het hart vrolijk en blijde stemt en de zintuigen in verrukking brengt. Het veroorzaakt ook geen hoofdpijn of misselijkheid, zoals sommige andere kruiden die zoet ruiken.

Het was de moerasspirea, 'en wilgen, teunisbloemen en gras,' waarop het oog van Edward Thomas viel op die snikhete dag in juni 1914 toen zijn stoomtrein opeens stopte op het station in Adlestrop en hij een foto in poëzie maakte van het pastorale Engeland aan de vooravond van de oorlog.

Sommige mensen beweren dat de bloemen van de moerasspirea bruisen en andere menen dat de bloesem even fijngesponnen is als een suikerspin. Ik weet alleen dat de vrouwelijke verfijning van de bloemen van de moerasspirea, die van juni tot september bloeien, tot uitdrukking komt in de namen *lady of the meadow*, *maids of the meadow* en *queen of the meadow*. In de mythen uit Wales die zijn verzameld in *De Mabinogion* nemen de tovenaars Math en Gwydion bloemen van de eik, de brem en de moerasspirea om 'het knapste en mooiste meisje dat enig sterveling ooit had gezien' voort te brengen, namelijk Blodeuwedd, of 'Bloemengezicht'. De moerasspirea is zo vrouwelijk en elegant dat Cú Chulainn, de testosteronheld van de Ulstercyclus, in baden met moerasspirea ging zitten om een beetje tot bedaren te komen.

Net als de knappe Blodeuwedd, die uiteindelijk een overspelige moordenares blijkt te zijn, heeft de moerasspirea een geheim. De donkere bladeren ruiken vagelijk naar de desinfecteermiddelen uit mijn jeugd. De tegenstrijdige aard van de plant blijkt uit oxymoronische plaatselijke bijnamen als *bittersweet* ('bitterzoet') en *courtship-and-matrimony* ('verloving-en-huwelijk'). Zelfs de Engelse naam *meadowsweet* is misleidend, want de plant is niet vernoemd naar zijn voorkeur voor weilanden (*meadow*), maar naar de rol die de bladeren speelden bij het kruiden en aromatiseren van middeleeuwse mede (*mead*). Daarom verschijnt de plant ook als het Middelengelse *medewurte* in 'Het verhaal van de ridder' in *De verhalen van Canterbury* van Chaucer. De moerasspirea, zou je kunnen zeggen, speelt dus zowel een rol in de geschiedenis als in de literatuur. Er zijn sporen van moerasspirea gevonden bij opgravingen uit het Bronzen Tijdperk, en er wordt beweerd dat de druïden het als een van de heiligste planten beschouwden. Toen Gerard opmerkte dat de plant geen hoofdpijn veroorzaakte had hij zonder het te weten helemaal gelijk: het bloemhoofd bevat salicylzuur, waaruit Felix Hoffmann in 1897 een synthetische versie van salicine samenstelde. Hoffmanns werkgever, Bayer AG, noemde het nieuwe medicijn aspirine, naar de oude botanische naam van de moerasspirea, *Spiraea ulmaria*. Daardoor ontstonden de medicijnen die bekendstaan als niet-steroïde anti-inflammatoire geneesmiddelen.

Op deze snikhete middag, wanneer zelfs de vogels geen zin hebben om te zingen en ik niet zeker weet of de moerasspirea, die wel een meter hoog is, meer op een debutante voor een bal lijkt of op de witte schuimkop van een golf, heb ik twintig volle stengels moerasspirea geplukt voor de landwijn. De nectar is zo verslavend dat de hordes zweefvliegen niet willen stoppen met eten wanneer ik de bloemhoofdjes in het mandje doe. De moerasspirea is geliefd bij insecten: de galmug, *Dasineura pustulans*, heeft zich al in de bladeren ingegraven en onaantrekkelijke gele bladgallen achtergelaten. De plant is het voedsel van larven van allerlei soorten vlinders en motten.

Motten zijn misschien de saaie neven van de vlinder, maar hebben soms wel bijzonder poëtische namen. Motten waarvan de jongen alleen moerasspirea eten heten bijvoorbeeld bosspanner, oranjegele bladroller, heide-schaaruil, nunvlinder, kleine huismoeder en hoekstipvlinder. En wie zou er nu geen sierlijke voorjaarsuil willen zien? De zwartgevlekte herfstuil is echter de meest voorkomende eter van moerasspirea in Lower Meadow.

Later op de avond ga ik met de honden naar Marsh Field om de koeien te inspecteren. De labradors rennen het weiland in en verdwijnen op de plek waar de moerasspirea oplicht. Een steenuil vliegt geërgerd roepend op uit de heg. In het Welsh heet een uil *blodeuwedd*, omdat Bloemengezicht als straf voor haar zonden haar gezicht nooit meer in het daglicht mocht tonen.

Door zijn witheid is de moerasspirea een baken voor de motten. Mijn zaklamp toont een veelvraat die nectar eet en een andere mot, vermoedelijk een heidedwergspanner.

AUGUSTUS

Konijn

1 augustus. *Lammas Day*, van het Saksische *Leffmesseday*, dat wil zeggen *Loaf Mass* ofwel broodmis. Dit is de dag waarop traditioneel na het hooien het vee werd teruggebracht naar het hooiland. Maar dit jaar niet, niet in dit veld, want ik ben nog steeds aan het maaien met de zeis, nog steeds aan het schudden en keren.

Het is een gevecht geworden. Ik weet niet of ik het veld zal afmaken of dat het veld míj zal afmaken. Als alternatief voor het maaien met de zeis haal ik de motorzeis, een bosmaaier voor het zware werk.

Wanneer ik met die bosmaaier bezig ben, span ik op de een of andere manier geconcentreerd mijn kaak. Het gaat eigenlijk best aardig met de motorzeis, maar het gemaaide gras blijft niet in banen liggen en komt overal terecht, en bovendien moet ik alles twee keer maaien, waardoor het hooi er eerder uitziet als pluizig kaf.

En door al het lawaai en de dampen is het opeens helemaal geen vredige bezigheid meer. Ik doe ongeveer de hoeveelheid die ik op een ochtend met de hand zou maaien met de motorzeis en zet het ellendige ding dan even uit om een moment naar de geluiden te luisteren:

Zucht.

Zoef.

Pieuw.

Zoem.

En het behoedzame gemurmel van de Escley, waar het water van de ene rotsbedding naar de andere ongeveer dertig centimeter daalt. Geen auto, geen vliegtuig, geen interne verbrandingsmotor. Witte kastelen van wolken trekken in een statige processie door de lucht.

Ik weet niet precies hoe laat het is, want ik heb geen horloge om. Wanneer je op het land werkt kijk je niet op de klok, want het werk wordt bepaald door het licht en het weer. En de distels zijn trouwens uitstekende zonnewijzers – ze werpen niet veel schaduw, want de zon staat recht boven mijn hoofd. Het is dus rond twaalven.

Hitte en stof. In het weiland dat nog gemaaid moet worden fladderen overal vlinders. Een houtduif zit hypnotiserend te koeren vanuit de es en zijn partner zit op het gammele vlot van twijgen en takken dat voor een nest moet doorgaan. Dit is het tweede legsel van het jaar. Op de plekken waar ik al heb gemaaid, heeft het gras een verdorde bruine tint, behalve op de plek waar twee puttertjes onderzoekend pikken en de gevallen aren van grassen en bloemzaad verzamelen alsof ze aren lezen, een nogal boerse bezigheid voor zulke sierlijke vogels. Ze hebben twee jongen bij zich, non-descripte bruine bolletjes die hun gouden en scharlaken verenkleed nog niet hebben aangetrokken.

Daarom dus weer terug naar de man met de zeis en pijn in mijn rug. Lange dagen en roodomrande ogen, een gezichtsmasker van grijze pollen. En op mijn hoofd een stomme pet met reclame voor Camping Soleil Plage die ik tijdens een gezinsvakantie in de Dordogne heb gekocht. Ik kom bij een stuk weiland met een overvloed aan gewoon reukgras, dat altijd opvalt door de cilindrische aarpluimen en de indringende vanillegeur, waardoor ik bijna in slaap val. Het zou de slaap van Caliban zijn. Dan ontwaakte ik: 'k jankte om door te mogen dromen.

Helaas heb ik nauwelijks plek meer waar ik het hooi kan laten. Los hooi neemt ongelooflijk veel ruimte in beslag. Ik heb de stallen en het grootste deel van de koeienstal volgestouwd.

Ik schat dat ik ongeveer een ton gras per halve hectare haal. En ik moet de oogst van meer dan een hectare nog opslaan.

Ik zal een hooiberg moeten bouwen.

En ik moet nog een veld maaien, Road Field van tweeënhalve hectare. Het is simpelweg fysiek onmogelijk om dat allemaal in mijn eentje met de hand te doen, en daarom bel ik Roy Phillips, de klusjesman. De kinderen zijn door het dolle heen omdat Roy het gras in grote ronde hooibalen zal veranderen, met moderne zwarte plastic verpakking.

Ik ga verder met mijn filosofie van het veld: de groene monotonie van het moderne weideland zou een metafoor voor het landelijke leven kunnen zijn. Waar zijn de karakteristieke dorpsfiguren gebleven? Nog geen dertig jaar geleden zat de bus die ik van school naar huis nam op een marktdag helemaal vol met oude dames in tweedjassen die kartonnen dozen met verontwaardigde kippen op hun schoot hadden. Er hing een onvergetelijke en penetrante geur van ouderwetse stof, medicinale zeep (tot de jaren tachtig gebruikten alle mensen op het platteland medicinale zeep) en kippenstront. De kippen hadden ze gekocht op de veemarkt in het centrum van Hereford. De veemarkt is nu verhuisd en heeft plaats moeten maken voor een winkelcentrum. En dat is nog een metafoor.

Soms ging Julie, de dochter van meneer Preece, op de beklede stoel naast me zitten. Meneer Preece – nooit zonder laarzen met omgeslagen bovenkanten en rode bretels – was de baas van de pluimveehouderij in Woolhope waar we ieder jaar met kerst onze kalkoen haalden. Ik wist nooit zeker of ik nou zo'n hekel aan haar had vanwege haar schele ogen of omdat ik haar om een andere reden aanzag voor een kalkoen. Het is niet echt een flitsend beroep, pluimveehouder.

Ik heb een foto van twee tantes die is genomen toen ze jong waren. Ze dragen witte jurken en witte enkelsokjes. Het is waarschijnlijk hun eerste communie. Dit is ergens in de jaren veertig, toen mijn grootvader bedrijfsleider van een boerderij was voor een grote firma. Achter Josephine en Madeleine staat een rij vrijstaande huizen.

Je moet nog een keer goed kijken om te zien dat de huizen in werkelijkheid volmaakt geconstrueerde, uit elkaar geplaatste hooibergen zijn.

Toen ik naar bed ging stond mijn hooiberg (die slechts ongeveer vierenhalve meter hoog was) keurig overeind en had hij nog een tamelijk fraaie hellende bovenkant. In de ochtend is duidelijk te zien dat hij Pisa-achtig uit het lood staat. Ik ben me net aan het afvragen wat ik moet doen wanneer ik een angstaanjagend gerammel hoor en een witte DAF-bus op het pad naar de boerderij zie verschijnen en vervolgens in slow motion voorwaarts zie kruipen. Er zit een scharrig bruin touw om het middel van de bus, als een riem, om de zijdeuren dicht te houden. Ik heb deze bus al niet meer gezien sinds we hier meer dan vijf jaar geleden vanuit Abbeydore, zo'n tien kilometer verderop, naartoe zijn verhuisd.

Geoff Bridger staat bij iedereen bekend als 'de zwart-met-bruinman' vanwege zijn zwart-met-bruine jack russell die de hele tijd wegloopt, waardoor Geoff gedwongen is bij iedereen in de buurt langs te gaan en te vragen: 'Heeft u misschien een zwart-met-bruin hondje gezien?'

Maar hij heeft hier nog nooit in de buurt naar zijn teef hoeven zoeken. Het busje komt reutelend op het erf tot stilstand. De deur aan de bestuurderskant wordt naar achteren geschoven. Een gezicht met slechts twee tanden, de onderste voortanden, gaapt me aan.

'Heeft u misschien een zwart-met-bruin hondje gezien?'

Geoff kijkt me turend aan en steekt zijn hoofd verder uit zijn smerige geruite overhemd.

'O, bent u het. Dus hier heeft u zich tegenwoordig verstopt.'

Geoff had ruzie gekregen met onze vrienden Nick en Alice nadat hij voor hen wat graafwerk in de tuin had gedaan. Nick had gezegd dat hij veel te langzaam had gewerkt. Geoff had er aanstoot aan genomen en besloten dat hij ook met ons ruzie had.

'Nou, als u haar ziet kunt u haar misschien even terugbrengen. Als het tenminste niet te veel moeite is,' voegt hij eraan toe.

Wanneer Geoff de deur van het busje weer wil dichtdoen ziet hij mijn hooiberg.

'O, waarom heeft u dat in vredesnaam zo gedaan?'

Voordat ik iets kan zeggen stapt Geoff al uit zijn busje en loopt hij naar de hooiberg. Hij bestudeert de onderkant. 'Nou, u heeft het op pallets gelegd. Dat is goed, want dan blijft het droog.'

Geoff heeft een vreemde twinkeling in zijn ogen. 'Ik heb al... Hoelang is het geleden?' Hij schudt somber zijn hoofd. 'Wat? Veertig jaar geen hooiberg gezien. Kom op, we zullen dat kreng even overeind krijgen voordat de boel in elkaar dondert.'

Met een stel oude bielzen en hekken krijgen we de berg overeind.

'Als iemand er iets over zegt, zegt u maar gewoon dat u uw horloge was kwijtgeraakt en de zijkant van de hooiberg moest weghalen. Dat zeiden we vroeger altijd wanneer hij dreigde om te duvelen.'

Hij stapt in zijn truck (in Hereford is een busje altijd een truck) en zegt: 'Wel goeie hooi, trouwens.'

Dat is veel lof uit de mond van een van de laatste echte plattelandsfiguren.

Ik schud hem de hand en hoop dat hij zijn hond vindt.

Mijn onhandigheid bij het bouwen van een hooiberg vormt een schril contrast met het succes van een andere beginneling, John Stewart Collis, die in de jaren veertig op een boerderij werkte:

> Bij het bouwen is het belangrijk om ervoor te zorgen dat je rechte muren krijgt, wat ik wel snapte, maar moeilijk vond om voor

elkaar te krijgen omdat je een sterke psychologische neiging hebt om het hooi niet te laten uitsteken – je hebt altijd het gevoel dat de boel zal omvallen aangezien je niet in de gaten hebt hoezeer de boel vastklit aan het hooi erachter (want hooi klit aan elkaar als een bramenstruik, zoals je snel genoeg merkt wanneer je er een pluk uit probeert te trekken). Deze neiging om dingen niet loodrecht te doen is het sterkst bij de hoeken, waar je je er juist tegen moet verzetten en dapper moet zijn. Het is vooral belangrijk, ontdekte ik, om twee keer zoveel in de hoeken te stoppen zodat je niet wordt geconfronteerd met de psychologisch verontrustende aanblik van een hellende rand. Maar het ging allemaal goed en ik maakte een dak in een gepaste gotische stijl. Er waren geen stutten nodig – en blijkbaar was het, zo hoorde ik 'E zeggen: 'Een van de beste hooibergen die we hebben gemaakt.' Hij stond helemaal boven op het veld, en toen we weggingen in de schemering vond ik dat hij er geweldig uitzag tegen de lucht – al die slordige schoven waarmee ik de hele dag te maken had gehad, waren nu samengeperst in een vast lichaam, met een puntdak dat zwart en met rechte geometrische lijnen en scherpte afstak tegen het licht. Toen ik samen met de anderen wegliep over het hellende veld probeerde ik niet te vaak een blik over mijn schouder te werpen om er nog even naar te kijken.

3 augustus. Het laatste wuivende meer van gras dat gemaaid moet worden glinstert van de dauw. Dicht bij het bosje hebben aardmuizen (*Microtus agrestis*) tunnels in de ondergroei gemaakt – het blad van de zeis legt hun verborgen, veelbetreden paden naar het licht bloot. De aardmuizen vluchten piepend voor me uit, een kleine plaag. De aantallen aardmuizen zijn geëxplodeerd door de hitte; de jongen worden twee weken gezoogd, en in de middelste maanden van het jaar hebben vrouwtjes wel vier keer een nest. Het blad van de zeis onthoofdt een donut van gevlochten gras – er

liggen vier naakte aardmuizenbaby's in. Ik dek ze weer toe.

Er zijn tachtig miljoen aardmuizen in Groot-Brittannië, grijze en bescheiden zoogdieren die door bijna alle roofdieren worden gegeten. Ik kan bijna voelen hoe vossen en roofvogels hun blik op het tafereel richten.

In de eilanden van gras die ik voor de graspiepers heb overgelaten, scheren jonge boerenzwaluwen over het weiland om de kunst van het jagen onder de knie te krijgen. De merels verkennen de randen van het veld en blijven dicht bij de heg; ze zijn in de rui en daar heeft hun vlucht onder te lijden. De heg betekent veiligheid. Er zweeft een buizerd langs in de bries en de angstige merels fladderen naar de heg, waar ze neerstrijken en de kenmerkende wippende beweging met hun staart maken.

's Middags kruipen wolken die met regen dreigen over het veld.

4 augustus. Na negen dagen ben ik klaar en zit het hooien erop. Bijna twee hectare is zo glad als een biljartlaken, en daarin drijven twee langharige eilanden. Ik denk dat ik nu oprecht kan zeggen dat ik iedere grasspriet in dit weiland ken.

Roy Phillips heeft Road Field gemaaid en balen van het hooi gemaakt, en er liggen nu meer dan dertig balen die in zwart plastic zijn verpakt. Freda en Tristram zijn door het dolle heen. Ze vinden het heerlijk om op de balen te klimmen en ervan af te springen – de ronde balen doen aan de speeltuin denken of aan de gymles op school. En het is vooral geweldig, vindt mijn zoon, dat hij de balen van mij van Road Field mag halen door ze met de jeep voort te duwen in een soort autovoetbaldribbel.

5 augustus. Ik weet niet zeker of ik door Collis ben geïnspireerd of een of andere competitie met mensen uit eerdere decennia ben

begonnen. Met de laatste dertig ladingen hooi bouw ik een hooiberg – niet echt een wolkenkrabber, maar best een aardige bungalow, vermoed ik.

7 augustus. De lucht wordt helemaal zwart. Huiszwaluwen scheren over het veld. Regenwolken zwermen vanuit het westen over de berg. (De Scandinavische weerman had het tot op de dag nauwkeurig voorspeld.)

Volgens de folklore heet het vingerhoedskruid in het Engels *purple foxglove* (paarse vossenhandschoen) omdat Reinaert de bloemen aan zijn poten deed zodat hij de kippen in een toverachtige stilte kon besluipen en gappen. Misschien kent de vos die de fluorescerend witte kip heeft gestolen dat trucje ook. Midden in het weiland ligt een ploerterige pluk veren en het uitgevreten karkas van een stuk pluimvee. Heel even denk ik dat iemand een rubberen kip uit de feestwinkel in het weiland heeft gelegd.

Nee, wanneer ik het van dichterbij bekijk blijkt dat het een echt lijk is. Ik laat het liggen voor de regen en de buizerds.

De bijnaam van vingerhoedskruid in Herefordshire is *bloody man's fingers*. De plant groeit lukraak langs de opgedroogde zijkant van de sloot bij Grove Field.

De kip is niet van ons, maar van de buren. Onze kippen worden beschermd door een hek met schrikdraad, en dat is weliswaar een adequaat afschrikmiddel, maar ook niet helemaal waterdicht. De vossen piepen wanneer ze het met hun natte neuzen aanraken.

Misschien weten de vossen nog iets wat van generatie op generatie genetisch is doorgegeven. Ik ben een oudtestamentische pluimveehouder. 'Oog om oog, tand om tand' is mijn motto, en ik heb een geweer dat de taal van de dood spreekt.

En hoeveel jonge eendjes hebben de kaken van de vos weten te ontlopen? Ik heb de wilde eenden nu al meer dan twee weken niet gezien.

12 augustus. Het is een benauwde, vochtige avond. In het weiland, waar ik even uitrust van het verzorgen van de schapenhoeven, met een blik bier als beloning, raak ik het knalgroene gras aan. Het is teer, zacht, nieuw.

Een snurkende oude man verstoort mijn rust. In elk geval denk ik heel even dat het een oude man is.

Egels zijn bij uitstek de zoogdieren van de heg. Ze zoeken er naar naaktslakken, kevers en andere ongewervelde dieren en brengen hun winterslaap door in het geheimzinnige, duistere hart van de heg. In de zomer maken ze overdag soms een nest onder de heg om even een dutje te doen. Hoewel het dier al sinds de laatste ijstijd in Groot-Brittannië te vinden is, is de populatie van egels de afgelopen tien jaar volgens onderzoeken van het People's Trust for Endangered Species met vijfentwintig procent afgenomen. Ze lopen soms meer dan twee kilometer op een avond.

Het is niet overdreven om te stellen dat egels snurken – hij ligt rustig te ronken onder het braambos in mijn verwilderde hoekje.

Die avond: een sluier van wolken om de enorme maan, die reageert door de wolken onder te dompelen in een regenboogachtige schittering van olie op water. De bosuilen jagen boven het weiland, als reusachtige, vrijwel onzichtbare motten. In juli en augustus vindt de tweede diaspora van de mollenjongen plaats, waarbij ze de enorme afstand van ongeveer vijfhonderd meter vanaf hun geboortenest afleggen. Een jonge mol kruipt onhandig langs in het licht van mijn zaklantaarn en wordt bijna geheel voortgedreven door zijn achterpoten. Zijn lange neus snuffelt voortdurend naar gevaar.

13 augustus. Een typische benauwde hondsdag, genoemd naar Sirius, de Hondsster, die nu opkomt en ondergaat met de zon. Ik zie

de eerste citroenvlinder van het jaar, een fladderende flits van zwavel die de hazelaar in en uit vliegt. Citroenvlinders zijn een van de weinige vlindersoorten die de winter als volwassene doorbrengen – ze komen eind juli uit hun pop. Ze fladdert hoog op en wordt vervolgens achternagezeten door een mannetje dat ik nog niet had gezien. Op een zuchtje wind laten ze zich meevoeren naar het schaduwachtige struikgewas, waar ze naar beneden duikt en het mannetje (en ik) de achtervolging voortzetten. Ze landt op de klimop die zich om een els heeft gewikkeld, en daar paart ze.

De volgende middag is de coïtus nog aan de gang.

14 augustus. 's Avonds kruipt een anaconda van mist omhoog uit de rivierbedding, steeds verder omhoog. Hij volgt iedere bocht van de rivier en blijft verstikkend op ons liggen.

In de buurt van de stal hebben we een kudde gespeende kalveren in het veld gezet. Onze meisjes zingen voor ze met uitgestoken koppen, een melodieus geloei.

17 augustus. Penny en ik hebben een soort werkvakantie en maken een wandeling door The Parks, het bloemenreservaat in Dulas, zo'n vijf kilometer verderop. The Parks was ongeveer vijfhonderd jaar lang het bezit van het hof van Dulas, het onderkomen van de Dulas-tak van de familie Parry. Die verkochten het in 1840. De nieuwe eigenaren lieten het oude huis en de kapel slopen en een nieuw huis en een nieuwe kapel bouwen. De Fieldens wilden het victoriaanse gepeupel duidelijk niet in de buurt hebben en verplaatsten de kapel naar een veld aan de overkant van de weg. Dit pakte uiteindelijk uit in het voordeel van de botanie, want het grasland tussen de graven is de beste grond in het dal en kent een weelde aan soorten, waaronder de bosorchis. Gods akker

is een van de weinige plaatsen die veilig is voor de hogesnelheidslijn en nieuwbouwprojecten.

The Parks is altijd weer een soort openbaring. Lower Meadow is een vrij traditioneel onderhouden hooiland, maar The Parks is zogezegd het echte werk. Er lijken hier meer bloemen dan grassen te zijn.

18 augustus. In de sloot van de watersalamanders zie ik larven van vinpootsalamanders, die ongeveer tweeënhalve centimeter lang zijn en kieuwen hebben als vinnen, en ook kameleontische kikkers, gestippelde duikerwantsen en schaatsenrijders. De lucht gonst van de muggen – hun naam komt van het Griekse *muia*, een onomatopeïsche weergave van het geluid dat ze tijdens het vliegen maken.

Het gras in de ongemaaide eilanden is zo bruin geworden dat het wel rijpe tarwe lijkt. De hoofdjes van de distels zijn wit en rijp en exploderen wanneer je ze aanraakt, tenzij je het heel zacht doet – het zijn net make-upborstels voor een vrouwenhuid. Op de een of andere manier is het een loom en lusteloos tafereel – een dagpauwoog droogt zijn vleugels op de berenklauw bij de rivier, ongeveer zoals een hond die zich voldaan uitstrekt bij een vuur.

De dassen zijn dol op de groene baai in het stuk dat ik heb gemaaid. Laat op de avond, rond middernacht, verschijnen er drie, die langswaggelen en wormen opslurpen in het maanlicht.

22 augustus. Avond. Over de heuvels en de berg hangt een wit waas van mist. Ik sta in het veld met mijn jachtgeweer en houd de konijnen in de gaten. Er zitten er ongeveer twaalf, die allemaal aan het grazen zijn. Een of twee konijnen wassen hun kop met hun poten. Een van de eerste die naar buiten is gekomen, een gro-

te rammelaar, heeft op de mierenhoop in de buurt van het hol gepoept, een daad met territoriale bedoelingen.

Ik weet niet precies hoe het met de familiebanden in het hol zit of wat de relatie met de holen in de buurt is. In de buurt van de mierenhopen liggen vrij veel plukken konijnenvacht, de overblijfselen van de onderlinge strijd van de konijnen. In een moment van onnadenkendheid verklaarde Richard Adams, de schrijver van *Waterschapsheuvel*, dat echte konijnen eigenlijk heel 'saai' zijn. Dieren hebben iets wat ik een 'gevaardiameter' zou willen noemen: wanneer ik veertig meter van ze af sta, denken de konijnen klaarblijkelijk dat ik te ver verwijderd ben om te doden. Maar dieren hebben duidelijk door wat je van plan bent. Zodra ik het jachtgeweer schouder, zijn ze eerst alert, om er vervolgens snel vandoor te gaan.

Het is niet altijd leuk om voor God te spelen met een geweer. Ik kies uiteindelijk het onfortuinlijke jonge konijn (geen lamprei) dat het dichtst bij me in de buurt is, ontgrendel het geweer, kom nog een meter of vijf dichterbij en schiet. Of het nu met pijl en boog, een valk of een jachtgeweer is, het jagen op wild in het weiland is even oud als het weiland zelf.

27 augustus. Aantekening op papier, overdag gemaakt: 'Eekhoorns in hazelaars die de bomen uit elkaar rukken om bij de nog onrijpe vruchten te komen. Niet erg eco.' Ik had eraan toe moeten voegen dat de kroonluchters van vlierbessen bijna zwart en rijp zijn. Planten zijn een kalender die de dagen en seizoenen aangeeft.

In de middag, wanneer ik over de weg rijd, schrik ik enorm wanneer een bunzing zijn kop opsteekt uit de sloot en me kwaadaardig aankijkt. Ik zet de auto stil. Door het open raam zie ik de wilgenroosjes die knikken onder het gewicht van de zuigende bijen en hoor ik een verscholen geelgors die 'ti ti ti ti tèh' zingt. Een minuut lang staren de fretachtige bunzing en ik elkaar argwanend aan. Ik zie geen enkele reden om Jefferies' regel in acht te nemen en kijk de bunzing gewoon in de ogen – met zijn lengte van meer dan een halve meter is het dier zich maar al te bewust van zijn kracht. Ik ben de eerste die er genoeg van heeft en rijd weg. In de achteruitkijkspiegel zie ik dat de bunzing me nakijkt. Ik krijg er de rillingen van, ondanks de hitte.

29 augustus. In de verte wordt het uitzicht versluierd door een damp van amarant; de heide op de berg is een inferno. Ik heb de hele dag met de tractor gemaaid op een stuk land dat we ongeveer tien kilometer verderop huren en lig vijf minuten gelukkig te zijn in het veld. Ik zie een vos (een van de jongen uit het hol) die een braam plukt in Marsh Field door op zijn achterpoten te gaan staan en hem met zijn bek te pakken. Een mooi moment voor een luie man.

30 augustus. In het bosje zingt een roodborstje. Hij is net in de rui geweest en eist al vroeg op droefgeestige toon zijn winterterritorium op. Een koolmees begeleidt hem met zijn refrein van 'si si sir'. Er hangt een bepaalde vermoeidheid in de lucht.

September

Waterjuffer

De maand die voor de helft zomer is en voor de helft herfst. Voor de helft verfijnd en voor de helft barbaars.

Ik heb de koeien in het sudderende veld gezet. In de schaduwen van de hazelaars van Grove Field worden ze alleen verraden door hun neuzen die dezelfde kleur hebben als die van Ermintrude, de roze koe uit de serie *Minimolen*. Wanneer de Red Polls zich verwaardigen om naar het weiland te komen en op het nagras te herkauwen, glanst hun vacht als een wilde kastanje. Vee is goed voor bloemenweiden omdat de beesten met hun gegraas voor verschillende grashoogtes zorgen en de omstandigheden creëren waarin vogels nesten kunnen bouwen en foerageren.

Hoewel de tonen van de zomer nog naklinken, is te merken dat het najaar in aantocht is. De distels en de brandnetels in de heg van Marsh Field hellen al ouwelijk in een kluitje voorover omdat ze hun eigen gewicht niet meer kunnen dragen.

Een kraai zwoegt door de lucht.

Wespen zijn slaperig aan bramen aan het zuigen.

3 september. Ik realiseer me opeens dat de gierzwaluwen vertrokken zijn. Zonder fanfare. Gewoon een verdwijntruc, alsof ze opeens zijn opgelost in de ochtendmist. Inwendig slaak ik een zucht. Er is weer een einde gekomen aan een van de zomers die het leven ons heeft toebedeeld.

Wanneer ik een ochtendwandeling maak om bij de schapen te

kijken, verschijnen er opeens drie eenden uit de lucht om vervolgens op de rivier te landen. Later sluip ik achter ze aan met een verrekijker. Ik weet vrijwel zeker dat het de moedereend met haar twee jongen is, want twee van de eenden hebben de grijze snavel die kenmerkend is voor de jeugd.

6 september. Een azuurwaterjuffer in het weiland, een slank juweel dat in de lucht blijft dankzij zijn gazen feeënvleugels. Waterjuffers vormen samen met de echte libellen de wetenschappelijke orde der *Odonata* en zijn sinds prehistorische tijden nauwelijks veranderd. Het zijn wonderen der techniek die in staat zijn de hoek en de slag van elk van hun vier vleugels aan te passen zodat ze omhoog, omlaag, zijwaarts en achteruit kunnen vliegen en wel een minuut op dezelfde plek kunnen hangen. Sommige waterjuffers halen snelheden van meer dan vijfenveertig kilometer per uur. Het zijn vraatzuchtige roofdieren die als ze volwassen zijn hun vliegende vleesmaaltijd lokaliseren met hun reusachtige, uitpuilende ogen, die tegelijkertijd bijna alle kanten op kunnen kijken. Ze eten vrijwel alle gevleugelde insecten, zelfs bijen. En langpootmuggen.

De enorme hoeveelheden langpootmuggen die nu uitkomen in het veld dringen zich constant op met hun schokkerige, marionetachtige bewegingen. Er vliegt er een in mijn gezicht. Hij sleept zijn poten over mijn wang. Ik zou hem weg willen vegen, maar ik weet dat ik de jonge vos aan de andere kant van het veld met die beweging misschien laat schrikken. Haar vacht is niet meer grijzig, en nu is ze een stralend sterretje met haar rode pels.

Ze zit gebiologeerd naar iets te staren.

Het vrouwtje van een grauwe vliegenvanger (een uitzonderlijk late broedvogel) stort zich herhaaldelijk van de bovenste draad van het prikkeldraad onder het bosje, grijpt een slungelige langpootmug en keert terug naar haar uitkijkpost op het hek. Ze is een flitsende, zilveren sylfe. Haar eenzame nageslacht, dat ook op het prikkeldraad zit, is een plomp bolletje dat stil en verwend op zijn eten zit te wachten.

De jonge moervos sluipt naar de vliegenvanger en gaat weer zitten.

Ik heb de vos te kwade bedoelingen toegeschreven. Ze springt niet op de vliegenvanger af, maar op een langpootmug. Op deze zwoele, landerige avond duiken vos en vliegenvanger gedurende meer dan twintig minuten zij aan zij naar langpootmuggen.

Langpootmuggen, de uitgekomen volwassen exemplaren van de emelt, zijn niet echt een bevredigende maaltijd voor een vos. Dat begrijpt de moervos ook, en ze sluipt weer weg.

Langpootmuggen zijn echter wel een feestmaal voor een vliegenvanger. De volgende dag is de vogel opgeladen en vliegt ze naar het zuiden voor de winter. De jonge vliegenvanger verdwijnt ook. Van de zomertrekvogels zijn nu alleen de tjiftjaf, de zwartkop, de huiszwaluw en de boerenzwaluw over.

Vissenschubben van geel maanlicht dat op de rivier valt. De heggen hebben de onmiskenbare dropgeur van stervende bladeren die op de komst van de herfst wijst.

Koeien zijn misschien wel gedomesticeerd, maar niet in staat hun oeroude gewoontes af te leren. Vannacht liggen ze in een kringetje, met hun gezicht naar de buitenkant, zodat ze kunnen zien uit welke richting het gevaar komt. De hoek waarin het maanlicht valt benadrukt zowel hun ouderdom als hun grootte. Het zijn een soort mastodonten, de zwarte beesten waarachter ik me hurkend verschuil.

Ik ben naar het weiland gekomen omdat ik ben opgeschrokken van een angstaanjagend geluid in de nacht. Maar de koeien zijn rustig. De ordeverstoorder bevindt zich twintig meter verderop op het zilveren grasveld. De oude mannetjesdas loopt door het weiland en stoot het schorre gegorgel uit dat bij *Meles meles* doorgaat voor hofmakerij.

Ik ben al bijna verkrampt wanneer het dominante vrouwtje, dat nu al twee jaar zijn partner is, eindelijk haar entree maakt door koket onder het prikkeldraad door te kruipen.

Er volgen enkele ogenblikken van halfhartige hofmakerij, maar dassen doen eigenlijk niet echt aan voorspel. Het mannetje gromt woest, klimt op de rug van de zeug en klemt haar nekvel tussen zijn tanden om haar op haar plek te houden. Het is te donker om alles goed te zien. Om redenen die niet moeilijk te bedenken zijn, dwalen mijn gedachten af naar de Victoriaanse tijd, toen de vader van de bruid aan zijn nieuwe schoonzoon een dasspeld van het penisbotje van de das gaf omdat dat bevorderlijk zou zijn voor de vruchtbaarheid.

Maar de paring van de dassen is niet zozeer opmerkelijk vanwege de aanblik die ze bieden of het geluid dat ze maken. Dat komt eerder door de wolk van stinkende muskus die vrijkomt tijdens de daad en die zelfs overweldigend is wanneer je twintig meter verderop voor de wind staat. Als je het eenmaal hebt geroken, weet je meteen dat de das verwant is aan het stinkdier.

10 september. Langs de weelderige rivieroever, onder de elzen, zou het de bloeitijd in het voorjaar kunnen zijn. Je moet beter kijken om de aanwijzingen voor de naderende herfst te zien. Maar ze zijn er wel degelijk: de klitterige klittenbollen die aan de hond blijven hangen, de lege zaadlijsten van de gevlekte scheerling en de eenzame fitis die verbijsterd rondkijkt in de boswilg. De fitis komt alleen maar even langs, maar ja, in wezen komen we allemaal alleen maar even langs.

Wanneer ik langs de oever het veld in loop doet de takkeling van de graspieper aarzelende pogingen om weg te vliegen in de gouden lucht. Ik heb geen idee wat er met zijn broertjes en zusjes is gebeurd.

Vreemd genoeg vliegt er opeens ook een veldleeuwerik op, alsof hij even wil voordoen hoe het moet.

Door de regen van gisteren en de warmte van vandaag kruipen er veel naaktslakken rond. Een stel zwarte wegslakken (*Arion ater*) draait om elkaar heen en likt elkaar. Hun slijmerige lichamen zijn even nat als het groene gras waarop ze liggen. Naaktslakken zijn hermafrodiet; ze verstrengelen zich en steken allebei hun penis uit, een wit tentakel waarmee ze de penis van de andere vastgrijpen.

14 september. Deze stille leegte is een schok. Geen avondkoor, geen universeel gebrom van insecten en geen geblaat van de lammeren, die nu volgroeid zijn en alleen maar eten, met hun kop voortdurend naar de grond gebogen. Plastic boerderijdieren van kinderen lijken misschien wel echter.

De tjiftjaf is vertrokken.

17 september. Ik haal het vee uit het weiland en drijf het bijeen voor de jaarlijkse verplichte tuberculosetest. Ze ruiken goddelijk, naar boterbloemen, naar reukgras, naar allerlei grassen, zoals goede koeien moeten ruiken. Het zonlicht glinstert op hun rug, vol van zomers stuifmeel.

Dit is de ergste dag van het jaar. De koeien staan in een rij in de drijfgang, een smalle gang van geleidehekken, en worden om beurten in hun nek geïnjecteerd door de dierenarts met een instrument dat verdacht veel op een nietpistool lijkt. Als ze positief testen op het reagens moeten ze worden geslacht. Geen gemaar. Ik moet vier dagen wachten tot de dierenarts, die van top tot teen is gekleed in groen plastic en rubber, terugkomt en uitspraak doet.

De dagen van James Herriot, van tweedpakken en een broodje bacon bij een kop thee in de keuken van de boerderij, zijn al lang voorbij. Vandaag de dag zien dierenartsen eruit als forensisch specialisten op een plaats delict.

20 september. Ik kijk hoe een lieveheersbeestje een wolkenkrabber van gras beklimt. *Propylaea punctata*: een volmaakt zwart-met-geel ruitpatroon dat in de jaren zestig had kunnen zijn ontworpen door Issigonis.

Onder de heg rent een familie witte kwikstaarten door het glinsterende gras. Het tafereel krijgt nog meer weg van minimalistische kunst wanneer twee even zwart-witte eksters door de wei paraderen. En het rood en het paars botten uit in de heg: rozenbottels, vlierbessen, sleepruimen, bramen, kamperfoelie en de overdadige verboden bessen van de heggenrank en de wolfskers.

Een ekster houdt stil en kijkt onderzoekend naar het hoopje grijze veren onder de eik. Een roofdier heeft de twee kuikens van de houtduiven gedood en geplukt.

In de stal voer ik de koeien hooi en veekoek. Terwijl zij bezig zijn, voel ik met mijn hand aan hun dikke, gespierde nekken om te kijken of ik ergens een reactieve bult voel.

Eén koe heeft een zwelling.

23 september. Een ochtend waarop het veld in een wurggreep wordt genomen door de mist. Dit vochtige warme weer leidt tot de najaarsgroei van gras en paddenstoelen. In de wei staan de bronskleurige grauwe vlekplaat en de zeer zeldzame gele wasplaat (*Hygrocybe chlorophana*). Uit de koeienvlaaien groeien puntige kaalkopjes.

De klimop op de vlier staat in bloei, hoewel je de onopvallende, bolvormige groen-gele bloemen voor mijn gevoel nauwelijks bloemen kunt noemen. Niettemin zijn ze een belangrijke bron van najaarsnectar voor de laatste bijen, motten en vlinders van het jaar.

Er zijn nog enkele juveniele huiszwaluwen. De volwassen vogels zijn gisteren vertrokken. Vanuit de dode iep bij Bank Field zit een grote bonte specht territoriaal te 'tsjikken'.

Dit gebeurt allemaal ergens ver weg, alsof ik door de verkeerde kant van een telescoop naar een verstild Engels pastoraal tafereel kijk. De koeien staan weer in de drijfgang te wachten. Ze zijn rusteloos. De dominante koeien in de pikorde van de kudde, Margot en haar dochter Mirabelle, staan tegen de koeien vóór hen te stoten, en de metalen dranghekken beginnen angstaanjagend te kraken onder de druk. Dat is mijn schuld. De koeien voelen dat ik bang ben. Ik ben zo gespannen over de tuberculosetest dat ik nauwelijks adem kan halen.

De dierenarts, Will Jacobs, belt om te zeggen dat hij iets later komt. Rond drieën komt Jacobs vermoeid aangelopen over het pad. Zoals gewoonlijk trekt hij zijn beschermende kleding aan. Hij betast iedere koeiennek met zijn hand. Niks aan de hand tot hij bij Melissa, de koe met de bult, is aanbeland. En daar verschijnt de schuifmaat.

Ik heb het allemaal al eerder meegemaakt. Alles hangt af van de afmetingen van de bult. Hij wordt gemeten. En nog een keer gemeten. En een laatste keer gemeten.

'Ze zit nog net onder de limiet.' Ik zou een sprongetje van vreugde kunnen maken. 'Ze zijn allemaal nog een jaar van jou.'

Ik laat de koeien naar buiten. We rennen met zijn allen rond.

25 september. Tussen de bedauwde spinnenwebben van miljoenen *Linyphiidae*, die volgens middeleeuwse herders 'het bloed' veroorzaakten (enterotoxaemie, een darmziekte bij schapen), is een grijze eekhoorn hazelnoten aan het verzamelen. Het is duidelijk te merken dat hij of zij haast heeft. Grijze eekhoorns houden weliswaar geen winterslaap, maar moeten wel voorraden aanleggen voor barre tijden.

Aan het einde van de dag: op deze nacht van de wassende maan werp ik reusachtige schaduwen over het veld.

Nog een soort werkuitstapje. In de motregen rijden we naar Turnastone Court in Vowchurch, ongeveer tien kilometer verderop in de brede, vlakke Golden Valley. Dit is het hart van de streek waar de Parry's vandaan komen. Er is een beeltenis van Blanche zelf in de kerk van Bacton, op een heuvel die altijd in een kille schaduw lijkt te liggen. De beeltenis vormt een bescheiden voetnoot in de geschiedenis omdat hij de eerste afbeelding van Elizabeth I als Gloriana bevat. Maar ik vind het vooral interessant dat Blanche een opmerkelijke gelijkenis met mijn grootmoeder vertoont.

De weilanden in Turnastone zijn de overblijfselen van een utopisch agrarisch project dat Rowland Vaughan bij de rivier de Dowe was gestart. In 1610 verscheen zijn boek *Most Approved and Long Experienced Water Workes Containing The Manner of Winter and Summer Drowning*, over de winter- en zomerbevloeiing van zijn wateringen.

Vaughan wordt vaak als de uitvinder van een bepaalde vorm van hellingirrigatie bij vloeiweiden en bedden beschouwd, hoewel uit wetenschappelijk onderzoek is gebleken dat hij voornamelijk een bestaand systeem verder heeft ontwikkeld. (De naam van het weiland 'le Flote' in Kimbolton in Herefordshire laat Vaughans boek met een ruime historische marge achter zich.) Dit is tot op zekere hoogte allemaal schijnheilig gedoe. Wat Vaughan deed en heeft gepopulariseerd, was de tijdelijke irrigatie van grasland door het omleiden van water via greppels en sluizen.

Vaughan was de achterneef van Blanche Parry. (Hij klaagde dat zijn zieltje te teer was om de 'bitterheid' van de 'humor' van Dame Blanche te verdragen en dat hij door haar 'prikkelbare gezag' was gedwongen om mee te vechten in de Ierse oorlog.) De Parry's en de Vaughans sloten al minstens honderd jaar onderlinge huwelijken, en Rowland maakte geen einde aan die gewoonte. Hij huwde het meisje Parry dat het belangrijkste landgoed van de familie zou erven, Newcourt, en werd zo de eigenaar van al het land op de westoever van de Dore van Peterchurch tot Bacton.

Volgens de overlevering kreeg Vaughan het idee om gras onder water te zetten toen hij over zijn landgoed liep om een bezoek te brengen aan zijn molenaar (een slag dat berucht was vanwege zijn onbetrouwbaarheid). Toen hij daar wandelde zag hij dat een mol tunnels had gegraven in de oever van de molentocht, en dat het gras overdadig groeide op de plek waar het water uit de molshoop vloeide.

Vaughan besteedde twintig jaar aan de bouw van zijn irrigatiesysteem in de Golden Valley – ongeveer van 1584 tot 1604 – waarmee hij de groei van het gras wilde bevorderen door het onder water te zetten. Zijn voornaamste greppel was de Trench Royal van ongeveer vijf kilometer, die het water van de Dore naar de velden voerde en vervolgens afvoerde door een sluis. Door het bevloeien steeg de jaarlijkse opbrengst van zijn land van veertig pond tot driehonderd pond.

Veel mensen dachten dat Vaughan gek was, maar hij oogstte veel lof omdat zijn methode overduidelijk succesvol was. In een 'panegyriek' van de dichter John Davies werd Vaughans bewateringssysteem bezongen in uitbundige landelijke beelden:

Zijn koninklijke GREPPEL (die de rest overziet
En een spermabron voor het gras heeft) spuit het zaad
in de baarmoeder van het onvruchtbare gebied,
Waardoor vanzelf uiteindelijk overvloed ontstaat.

Hier zorgen twee van de minderwaardige Elementen
(Die in coïtus samengaan) water op het perceel
(Net als Sperma het actiefst in zulke complementen)
Voor een grote vermeerdering van het geheel:

Want, door de spleten van de Aarde in haar holle schoot
(Waar de Natuur ontspruit in de wortels van elke plant)
Stroomt het water, wat uiteindelijk de oogst vergroot,
tot vreugde van de Heren die in het bezit zijn van het land:

Want, zoals er in een baarmoeder niets zal groeien
Wanneer een vrouw niet heeft gecohabiteerd,
Zo zal er op vruchtbare gronden ook nooit iets groeien
Wanneer er geen water wordt geïnsemineerd.

Misschien goed om erbij te vermelden dat John Davies familie was.

Zes jaar later, in 1610, publiceerde Rowland zijn boek waarin hij het systeem beschreef. Daarin beweerde hij dat de Trench Royal bevaarbaar was en werd gebruikt om goederen van de ene kant van het landgoed naar de andere te vervoeren. In het boek beweerde hij ook dat hij een ideale gemeenschap had gesticht voor tweeduizend arbeiders, die allemaal waren uitgedost met een mooie rode pet.

Vloeiweiden werden vrij gebruikelijk in Herefordshire. De tijdelijke aanvoer van water (in het ideale geval een laag van ongeveer tweeënhalve centimeter) over grasland in de winter bevorderde de groei van gras voor het groeiseizoen en voorzag het vee al vroeg van eten. In sommige gevallen was het door een nieuwe periodieke bevloeiing zelfs mogelijk om nog een tweede of zelfs derde keer te hooien. Zomerbevloeiing bevorderde de groei van gras doordat een eventueel watertekort in de bodem werd gecompenseerd.

Tegenwoordig wordt Turnastone Court beheerd door het Countryside Restoration Trust. Hoewel het irrigatiesysteem al lang is verdwenen, zijn de wateringen nog steeds een paradijs voor de flora. Zelfs tijdens de Tweede Wereldoorlog is er niet geploegd. Toen de ambtenaar van het War Agricultural Executive Committee, de Engelse landbouwcomités tijdens de Tweede Wereldoorlog, bij de poort van de voornaamste vloeiweide verscheen, kreeg hij volgens de plaatselijke bevolking van meneer Watkins te horen dat ze over zijn lijk moesten als ze het veld wilden ploegen.

Ik vind het al heel lang vermakelijk dat de sloot die water in Lower Meadow lekt in wezen een geïmproviseerd irrigatiesysteem is. Het gras in dat stuk van het weiland is altijd groener. Een vloeiweide die per toeval is ontstaan.

Oktober

Puttertje

In oktober besteed ik meer aandacht aan de veranderingen in de natuur dan in willekeurig welke andere maand. Betekenen de vele bessen aan de meidoorn in de heg echt dat het in de winter vaak zal sneeuwen, zoals de legende wil? Krijgen we echt een bijzonder strenge winter wanneer de kramsvogels al vroeg arriveren? Hoewel een overvloed aan bessen vooral een aanwijzing is voor de vroegere gezondheid van de plant, waag ik me ook graag aan voorspellingen. Dat komt deels, vermoed ik, door een primitieve angst – die ik met de wilde dieren deel – waardoor ik me op het ergste wil voorbereiden.

De maand begint natuurlijk met een misleidende nazomer, met 's ochtends zonnestralen in de mist en pyjamazweefvliegen (*Episyrphus balteatus*) op boterbloemen die nog laat bloeien. Spreeuwen komen vanuit het dorp op bezoek met hun feesttoeters om in het nagras van het weiland naar wormen te zoeken.

Ik vind het geweldig om op Zeb te rijden: de beweging alsof je op het dek van een schip staat, het gekraak van het zadel, de lacherige opwinding van draven en galopperen – en het plezier dat ook hij eraan beleeft. Ik vind het geweldig dat ik een nieuw perspectief op vertrouwde dingen krijg wanneer ik paardrijd. Maar wat ik het allermooist vind is het gevoel dat we één zijn, een eenheid. Toen Amerikaanse indianen voor het eerst Spaanse *conquistadores* te paard zagen, waren ze ervan overtuigd dat het tweekoppige wezens waren.

Dat lijken de vogels en de wilde dieren in het weiland ook bijna allemaal te denken. Wij, het tweekoppige beest, bewegen ons langs de randen van het veld en worden nauwelijks opgemerkt door de zwerm roeken die het zeegroene gras doorzoeken.

Het is anders met de ooien, die verstijven, naar me opkijken en vervolgens proberen te bedenken hoe ze moeten vluchten. Wanneer we tijdens onze wandeling bij ze in de buurt komen, verlichten ze hun last door te hurken en te pissen. Daarna rennen ze met een schommelend achterwerk naar de andere kant van het weiland.

Friar Tuck de ram kuiert achter ze aan. Hij maakt zich niet druk om de paardmens, want hij denkt maar aan één ding: paren. Op het platteland is oktober de maand van de schaapachtige seks.

Friar Tuck blijft staan en snuffelt op de plek waar de ooien hebben gepist. Daarna krult hij zijn bovenlip en grijnst hij cartoonesk zijn tanden bloot. Dit flemen is geen mannelijke verleidingspoging, maar een manier om zijn neusgaten te sluiten zodat hij lucht in zijn *organum vomeronasale* in zijn verhemelte kan snuiven. Zo detecteert hij de chemicaliën die hem vertellen of een ooi hitsig is. Zelf wasemt hij zoveel testosteron uit dat het walmend in de lucht hangt.

Eén dikke ooi met een scheur in haar oor is duidelijk liters oestrogeen aan het afscheiden. Hij likt haar obsceen met een lebbertong, bepotelt haar vervolgens met een voorpoot en ramt en bijt in haar zij.

Hij doet een paar weinig overtuigende pogingen om haar te bestijgen.

Ze blijft niet echt stilstaan, maar rent ook duidelijk niet weg. Hij zal de rest van de dag bij haar blijven en haar fatsoenlijk dekken wanneer het donker is, zoals het hoort bij een echte onenightstand.

Morgen neemt hij weer een andere ooi.

Friar Tuck heeft echter wel zijn voorkeuren. Hij heeft het liefst ooien van zijn eigen ras, de Ryelands. De Shetlands en de Hebrideans worden het laatst gedekt.

Roeken brengen niet vaak een bezoek aan het veld omdat ze een voorkeur hebben voor de akkers dieper in het dal. Ze komen hier ieder najaar een of twee keer, misschien uit verveling of misschien omdat ze honger hebben en zich nog herinneren dat hier een overvloed aan wormen te vinden is. Er zijn er drieëntwintig, die er allemaal uitzien alsof ze zich in zwarte mantels hebben gehuld. Ze foerageren met hun kop naar de straffe noordenwind, die over hen heen blaast en hen aerodynamisch aan de grond nagelt terwijl ze daar met hun lijkbleke snavels in prikken. Als ze zouden eten wanneer ze met hun rug naar de wind zaten, zouden ze worden opgetild en voorover tuimelen.

Het weiland is thuis, maar ook een plek waar bezoekers picknicken en waar passerende trekvogels even uitrusten.

Het is echter ook een plek waar mensen kunnen nadenken.

In zijn boek *Observations on the Theory & Practice of Landscape Gardening* verklaarde de landschapsarchitect Humphry Repton dat 'de schoonheid van een lusthof en het nut van een boerderij onverenigbaar zijn. [...] Ik verwerp het idee dat je van het schoonste ook het nuttigste zou kunnen maken; een geploegde akker en een weiland verschillen evenzeer van elkaar als een bloementuin en een aardappelakker.' Samen met Lancelot 'Capability' Brown veranderde Repton het landschap in schilderijen in plaats van het landschap op doek te schilderen. Herefordshire is gedurende lange tijd een bastion van de adel geweest, en adellijke ideeën over landschaps- en tuinarchitectuur sijpelden door naar de kleine grondbezitters. In Ewyas Harold staat een achttiende-eeuwse boerderij met een ha-ha aan de voorkant zodat het uitzicht op het glooiende weiland niet wordt verpest door een hek.

Tsaar Alexander verkondigde dat hij wel een Engelse landheer had willen zijn als hij niet de tsaar van Rusland was geweest. Dat is wel begrijpelijk. De tsaar en de Engelse landheer hadden het mooiste uitzicht van de hele wereld.

4 oktober. Op de rug van een Ryeland zit een ekster, die in zijn nek zit te pikken. Dit is biologische symbiose, een vorm van mutualisme tussen schaap en kraaiachtige, hoewel het er op het eerste gezicht anders uitziet. De ekster zit teken van de oren van het schaap te pikken. De ekster heeft iets te eten en het schaap wordt van zijn ongedierte ontdaan.

De avonden worden korter. In het grijzige licht kijk ik naar een bosmuis met zwarte kraaloogjes die naar voren leunt in de zwaaiende tak van een hazelaar, een rozenbottel naar beneden trekt en hem met blikkerende tanden van de tak knaagt. De rozenbottel belandt via de heg op de grond en de muis rent erachteraan.

7 oktober. De laatste zwaluwen zitten als kwetterende noten op de notenbalk van de telefoondraden. Het zijn de jongeren die moed verzamelen voor de grote trek naar het zuiden. Vroeger dachten mensen dat zwaluwen in luchtbellen in meertjes of in holen overwinterden. Aan het begin van de zestiende eeuw schreef de bisschop van Uppsala, Olaus Magnus, in zijn *Historia de Gentibus Septentrionalibus*:

> Vissers in de noordelijke wateren halen vaak per toeval een overvloed aan zwaluwen op die als een samengeklonterde massa aan elkaar hangen. [...] Aan het begin van het najaar verzamelen ze zich in het riet, waar ze zich in het water laten zinken door zich snavel aan snavel, vleugel aan vleugel en poot aan poot aan elkaar vast te klampen.

Zijn tekst was geïllustreerd met een houtsnede waarop vissers de vogels in hun netten uit het water trokken. De achttiende-eeuwse naturalist Gilbert White ging er weliswaar van uit dat de vogels trokken en geen winterslaap hielden (zijn broer, een kapelaan in Gibraltar, had zwaluwen die naar het zuiden trokken over zijn hoofd zien vliegen), maar had zo zijn twijfels over de late broedsels, die soms pas in september voldoende veren hadden om te vliegen: 'Wijzen deze late broedsels er niet eerder op dat de dieren schuilen en niet wegtrekken?' Hij wilde niet uitsluiten dat de vogels een winterslaap hielden en speurde de rieten daken van boerderijen af naar slapende, overwinterende vogels. Het zou overmoedig zijn om White zomaar uit te lachen omdat niemand tot op heden met zekerheid kan zeggen waar alle leden van de zwaluwenfamilie overwinteren.

Vanwege het stotterige gekwetter en de schokkerige vlucht meenden middeleeuwse artsen dat het eten van de vogel epilepsie en stotteren zou genezen. Zwaluwenbouillon was het voorgeschreven medicijn. De zwaluw was altijd een vogel die goedheid belichaamde. Beweerde het middeleeuwse rijmpje niet:

The robin and the wren
Are God Almighty's cock and hen.
The martin and the swallow
Are God Almighty's bird to hollow.*

De zwaluwen zijn vertrokken. Een tjiftjaf maakt een tussenstop, blijft een dag om te 'whiïeten' en gaat er weer vandoor, de laatste trekvogel die hier in de zomer is. De wintergasten zijn nog niet gearriveerd. Het is nu even rust, de periode dat alleen de standvogels in het weiland zijn.

Deze week van late nazomerhitte benadrukt de zinnelijkheid van het najaar met zijn ongebruikelijke luchtjes en vluchtige geuren. Wilde appelen liggen als toverballen azijnachtig op de grond te rotten.

* Het roodborstje en de winterkoning/ Zijn de haan en de kip van de Almachtige God./ De zwaluw en de boerenzwaluw/ Zijn de vogels van de Almachtige God die men dient te vereren.

10 oktober. Het wordt opeens guur weer, een storm rukt 's nachts takken af en ik snap waarom de grijze eekhoorn in het bosje naarstig in de hazelaarstruiken naar noten zoekt. 's Ochtends trek ik twee truien over elkaar aan, hoewel de bomen door iets in brand lijken te zijn gestoken: de tot de stronk gekapte hazelaar zet het bosje in vuur en vlam.

12 oktober. De geur van brandend hout van een vuur in de verte. Een merel die zachtjes aan het tsjoek-tsjoek-tsjoeken is tot hij me ziet en onmiddellijk overschakelt op de alarmmodus. Niets of niemand zegt zo vloeiend en welluidend 'ga weg' als een merel. Er wonen nu vijf merels in en om het weiland, waaronder drie vogels die hier overwinteren.

Om vijf uur 's middags staat er al rijp op de rug van de koeien, en hun adem vormt witte wolkjes terwijl ze daar liggen te herkauwen. Het is vreemd en verontrustend dat de rijp op de rug van de eerbiedwaardige Margot, met haar twintig jaar verreweg de oudste van onze Red Polls, dikker is dan de rijp op de huid van de rest van de kudde.

De bosuilen in het bos en de bosjes langs de mistige rivier eisen hun najaarsterritoria op. Een bosuil roept nooit 'te-wiet, te-woe'; het 'te-wiet' (eerder 'o-iet') is de contactroep; het 'te-woe' (beter gezegd 'hoe-hoe-oeoeoe') is de territoriale roep van het mannetje. Als je 'o-iet-hoe', 'hoe-oeoeoe' hoort, hoor je een duet en geen solovoorstelling.

Er roepen minstens vier uilen in de schemering. Van september tot november verlaten jonge bosuilen het ouderlijk nest, en op deze avond proberen de jongen zich te verzekeren van een territorium om eten te verzamelen en te broeden. Als ze dat niet is gelukt wanneer het werkelijk winter wordt, zullen ze sterven.

De Angelsaksen kenden het puttertje als de *thisteltuige*. Zijn snavel is iets scherper dan die van andere vinken en een door de natuur vervaardigd precisie-instrument om zaden uit distels en kaardebollen te halen. Het Latijn voor distel is *carduus*, en dat woord vormt de basis voor de wetenschappelijke naam van de vogel, *Carduelis carduelis*.

De rage om puttertjes in een kooitje te houden bereikte in de tweede helft van de negentiende eeuw zijn hoogtepunt. In 1860 werden er alleen al in Worthing 132 000 vogels gevangen, en het ontputteren van het platteland was een van de eerste zorgen voor de Society for the Protection of Birds. Toen John Keats aan het einde van zijn leven aan zijn bed gekluisterd was, zat hij in wezen ook in een soort kooi. Een van de weinige dingen waaraan hij nog plezier beleefde was het kijken naar puttertjes die nog wel in vrijheid leefden, en daarom schreef hij 'I Stood Tip-toe upon a Little Hill':

Soms laten de puttertjes zich één voor één
Van de lage takken vallen; ze zitten daar bijeen;
Eten en kwetteren; en als hun verenkleed op orde is gebracht,
Vliegen ze weer weg, alsof ze opeens iets hebben bedacht:
Of talmen ze tijdens het fladderen misschien
Omdat ze hun zwart-met-gouden wieken willen laten zien?

In het najaar komen puttertjes, die allemaal allang zijn vrijgelaten, in broederlijke zwermen bijeen. Er zitten er minstens dertig in de strook met distels die ik voor ze in het weiland heb laten groeien. De Engelse naam voor een groep puttertjes, *charm*, is afgeleid van het Oudengelse *c'irm*, waarmee het kwetterende lied van de vogel wordt beschreven.

Op de landtong bloeit de vertakte leeuwentand, die bijna even geel is als de streep op de vleugel van het puttertje.

15 oktober. Het is misschien koud, maar wel droog. De bodem houdt het opmerkelijk goed voor de tijd van het jaar en ik zet de paarden in het weiland voor een verandering van het graaspatroon. 's Avonds ga ik nog een keer kijken. Ik zie een vallende ster en de Melkweg, die de hemel omspant. De verre sterren zijn oneindig ver van me verwijderd, en het lijkt me onmogelijk dat deze adembenemende voorstelling niet speciaal voor mijn genoegen wordt gegeven.

En vanavond flonkeren de sterren alleen voor mij.

De paarden knarsen met hun tanden tijdens het eten en staan overvloedig te pissen. In het licht van mijn zaklantaarn lichten de ogen van de schapen op als groenachtige juwelen.

Wanneer ik weer thuis ben, ga ik op zoek naar een gedicht van de in Hereford geboren metafysische dichter Thomas Traherne (1636-1674), dat het vertikte om op te duiken uit de gewelven van mijn geheugen:

De hemelen in al hun pracht,
De lieflijke, levendige lucht;
O hoe goddelijk, hoe mooi, hoe zoet, hoe zacht!
De sterren, o wondervreemd genucht,
En alle werken Gods, zo helder en puur,
Zo rijk en groot deden zij me aan
Alsof ze zonder duur
In mijn wezen zullen voortbestaan.

Traherne geloofde dat de mens zijn onschuld verliest omdat hij zich van de natuur afwendt en zijn toevlucht zoekt tot een wereld van kunstmatigheid en vernuft. In *Centuries of Meditations* schreef hij: 'Je geniet pas ten volle van de wereld wanneer de zee zelf door je aderen vloeit, tot je bent gekleed met de hemelen en met sterren gekroond, tot je er zo van kunt genieten dat je anderen er oprecht van kunt proberen te overtuigen om er ook van te genieten.'

18 oktober. Nu komt de herfst in al zijn wreedheid. Scharlaken bessen in de heg als de bloeddruppels op mijn vingers, die ik heb opengehaald aan de doornen van het braambos. Ik heb ongeveer een kilo bramen geplukt aan de oostkant van de heg die Marsh Field omzoomt en me daarbij de weg laten wijzen door de groene vleesvliegen. Vliegen leiden je altijd naar de rijpste vruchten. Sommige van de overrijpe bramen produceren alcohol, en daardoor fladdert een stel kleine vossen duizelig en dronken rond.

De heggenrank windt zich in triomfantelijke oranje en groene slingers door de heg. De sleedoorns hangen vol bessen en de rozenbottels steken overvolle, verlokkende armen uit. Er is een overdaad aan heggenfruit voor de vogels die hier overwinteren. Maar waar zijn ze?

Er zijn wel een paar oude vrienden die ik een beetje uit het oog heb verloren. In vlucht laat de rouwkwikstaart een hoog, tweetonig 'tsi-tsik' horen, en vanwege zijn gewoonte om te roepen tijdens de vlucht wordt hij soms spottend *Chiswick fly-over* genoemd (Chiswick naar de wijk in Londen, *fly-over* betekent ook viaduct).

Net als de gele kwikstaart eet de rouwkwikstaart voornamelijk insecten die hij in grasvelden, weilanden en bermen vindt. De insecten zijn meestal vliegen en rupsen. Op een zonnige dag als vandaag zijn de koeienvlaaien en de keutels van andere dieren een waar feestmaal. Engelse bijnamen van de vogel zijn onder meer *molly washdish*, *nanny washtail* en *washerwoman*, vanwege zijn gewoonte om aan de oever van meertjes en riviertjes te foerageren. En natuurlijk omdat hij voortdurend zijn staart op en neer beweegt en daardoor doet denken aan een wasvrouw die kleren wast. Een scherper en welwillender oog beschrijft hun sierlijke vrouwelijkheid, en daarom worden ze ook *lady dishwasher* genoemd. Hun kenmerkende schokkerige loopje tovert altijd een glimlach op het gezicht. Zoals John Clare dichtte:

de kleine drukke kwikstaart die door de regen vloog,
wiegelde en waggelde zijwaarts en kwam nooit meer
recht omhoog.

De rouwkwikstaart is een typisch Britse vogel. Zijn naaste verwant, de witte kwikstaart uit Noord-Europa, Rusland en Alaska, heeft een veel lichtere rug.

21 oktober. Zware storm. Het is moeilijk om rechtop te lopen en tot mijn schrik kost het me moeite om adem te halen. De wind rukt de bladeren van de wilg en daarom liggen ze als aangespoelde scholen vissen verderop in het weiland. De grond wordt gebombardeerd met eikels. Deze zijn giftig voor het vee en de paarden. In de storm leid ik de angstig kijkende paarden naar de kalmte van de stallen.

23 oktober. Een zwerm plunderende houtduiven roest 's nachts in de bomen langs de rivier en vliegt klapwiekend af en aan om een plekje op de takken te zoeken. Ze eten de eikels, waaronder die van de twee eiken in de hoek van het veld. De zwerm bestaat uit meer dan dertig duiven, maar dat heeft nauwelijks invloed op de glanzende groene massa van eikels op de vloer van het veld. Ik schep twee kruiwagens vol en voer ze aan de varkens.

De kauwen verspreiden zich in de wind en worden weggeblazen.

Zodra ik het veld uit loop zie ik de Vlaamse gaai aankomen en twee eikels oppikken met zijn snavel en vervolgens naar het bosje fladderen. Ik zie waar hij blijft omdat zijn romp oplicht als een gloeilamp. De Vlaamse gaai begraaft de eikels, soms wel honderden op een dag, om voorbereid te zijn op barre tijden. Volgens onderzoeken begraven gaaien in een maand soms wel drieduizend eikels en hazelnoten. Waarschijnlijk is ongeveer de helft van de eiken in Groot-Brittannië onopzettelijk geplant door Vlaamse gaaien. De vogel is een nationale bomenplanter. De schreeuw van de vogel klinkt als het geluid van een krijtje dat over een bord wordt gehaald.

26 oktober. Terwijl ik onder de eiken voor de regen schuil, dwarrelen spreeuwen als bladeren neer op de doorweekte aarde, waar de wormen verschijnen omdat ze gedwongen zijn hun tunnels te evacueren.

29 oktober. De eerste serieuze vorst van het najaar verandert het veld in een ondoorzichtige witte woestenij. Ik zie perfecte afgietsels van ijs in de oude hoefafdrukken van de koeien. Met bevroren vingers pluk ik berijpte sleepruimen voor sleedoornbrandewijn.

NOVEMBER

Fazant

De rivier staat zo laag dat ik met één stap aan de overkant van het miezerige stroompje ben. Een boomklever kruipt schoksgewijs over de vlier en tikt naar insecten achter het judasoor. De wilde appelen in de drooggevallen sloot achter de heg van Grove Field liggen naaktslakken te verzamelen.

In de Middeleeuwen geloofde men dat egels over vruchten rolden en ze mee naar huis namen voor hun jongen. De egeljongen die onder de opgestapelde stammen op de landtong woonden, zitten echter niet meer op eten te wachten. Ze zijn dood. Perfecte schaalmodellen van hun ouders en belachelijk kleurloos in dode toestand. Er is er maar één opgegeten en uit zijn stekelvacht gepeuzeld. De drie anderen lijken geen verwondingen te hebben. Ze zijn vermoedelijk doodgegaan van de kou. En een vos of een das heeft het misdrijf op zijn geweten.

November is een van mijn lievelingsmaanden, met zijn kwijnende namiddagen van doodse griezeligheid en zijn kerkachtige geur van natte, rottende bladeren. November paste ook uitstekend bij de arme, krankzinnige dichter John Clare, die het als volgt verwoordde:

> Sibille van maanden en aanbidder van winden!
> Ik hou van u, lomp en onstuimig als ge zijt;
> En flarden van vreugde zullen mijn omzwervingen altijd vinden
> Te midden van uw tumultueuze krankzinnigheid.

Hoewel sommige mensen het eerder met Thomas Hood eens zullen zijn:

> Geen warmte, geen vrolijkheid, geen gezond gedijen,
> Lijf en leden die onder het onbehagen zuchten –
> Geen schaduw, geen zonneschijn, geen vlinders en geen bijen,
> Geen vogels, geen bloemen, geen bladeren, geen vruchten –
> November!

Gure winden uit het oosten snijden ons onherroepelijk van de zomer af.

Honger maakt de jager. Vanuit het huis zie ik twee fazanthanen door het veld paraderen met de statigheid van keizers uit de Ming-dynastie. Zelfs op een afstand van honderden meters poetst de lage zwakke winterzon ze op in hun koperachtige pracht. Ze zijn niet meer in de rui en dragen nu hun winterkleed. Af en toe buigen ze zich voorover om naar een bloem- en graszaadje te pikken.

Ik haal mijn jachtgeweer uit de wapenkluis. Tegen de tijd dat ik in het veld sta, zijn ze alweer verdwenen. Ik zie hun vlugge schaduwen in het bosje, maar ze glippen weg voordat ik ze goed in het vizier krijg. In het bosje zijn ze in hun natuurlijke habitat, want wat zijn fazanten anders dan sierlijke barokke junglevogels? De eerste fazanten werden hier door de Romeinen gebracht, maar deze dieren zijn waarschijnlijk niet verwilderd. *Phasianus colchicus torquatus*, de fazant met de witte band om zijn hals, werd in de elfde eeuw geïntroduceerd. En na ongeveer negenhonderd jaar en dertig miljoen uitgezette exemplaren ziet de fazant er nog steeds uit alsof hij hier is verdwaald.

Ik ga op mijn hurken zitten en wacht in het veld, net onder het overhangende gedeelte van de els in het bosje die over het hek puilt, met de loop tussen mijn nek en mijn schouder, wat geruststellender is dan de hand van een vader. Doordat ik met mijn linkeroor tegen de stam van de els leun, hoor ik alle inwendige druk en spanning wanneer de boom staat te zwaaien.

De sombere dag tikt voorbij. Het winterkoninkje, de kortaangebonden capo van het bosje, verklikt me omdat ik hier maar wat rondhang. Toen de Amerikaanse dichter Robert Lowell 'For the Union Dead' schreef en een beeld zocht voor de rechtschapen kolonel Robert Gould Shaw, die sneuvelde toen hij leiding gaf aan een regiment zwarte soldaten, koos hij uiteindelijk voor 'een boze, winterkoninkjesachtige waakzaamheid'. Ik weet precies wat Lowell bedoelde. Het winterkoninkje zet zijn tierende staccato voort en treft voorbereidingen om naar bed te gaan terwijl ik blijf uitkijken over Lower Meadow. Een bosuil in het bosje bij de rivier roept 'o-iet' en een roodborstje in de heg bij Grove Field kweelt een paar melancholische noten terwijl de schapen zich langzaam terugtrekken op de hoogste plek van het veld, waar ze het beste in de gaten kunnen houden of er een roofdier in aantocht is. De oeroude Escley kabbelt genoeglijk. De bladeren van de hazelaar gloeien en de kou bijt in mijn gezicht.

Dan hoor ik de fazanten. Een kort, trots 'kok-k-kok-k-kok-k'. Ze hebben het bosje verlaten en zijn naar Grove Field daarnaast geslopen.

Het is aan het schemeren. Het is nog maar heel even dag. Ik duw de veiligheidspal naar voren.

Een fazant vliegt op van Grove Field en stijgt steeds verder op terwijl hij zijn staart achter zich aansleept als de staart van een komeet. Ik doe een stap naar voren en schiet als een stroper, niet voor de sport, maar om hem met een schot te doden. Ik schiet precies op het moment dat hij zijn vleugels spreidt om af te remmen voordat hij in de boom landt.

Met een bons belandt de vogel in het veld. Dood. Zo dood als een pier.

Wanneer ik een stuk touw om zijn nek bind om hem mee naar

huis te nemen weergalmt de vandalistische knal nog in het groene dal en slaken de merels nog steeds hun alarmroepen. De schapen, die even zijn opgeschrokken tijdens het eten, buigen hun kop weer naar het veld en gaan verder met maaien.

De kruitdamp hangt in een dikke wolk om me heen en verhult zelfs de geur van rottende herfstbladeren. Hoewel het nog niet eens donker is, doet een volle maan al verwoede pogingen om de duisternis te verlichten.

Hoe wist ik dat de fazant hier zou komen roesten, op deze kale tak in de els? Het is de plek waar ik zelf zou gaan slapen als ik een fazant was, een plek die te hoog is voor de vossen, maar niet zo dichtbegroeid dat ik er niet naar binnen kan kijken.

Rationeel gezien lijkt het wel eerlijk, of zelfs gepast, om het wild op te eten wanneer je bij de uitoefening van het boerenbedrijf aan het wild denkt. Ondanks deze verdediging lijd ik onder de kwellingen van gevoelige moordenaars en begin ik de meedogenloze regels uit 'Auguries of Innocence' ('Voortekenen van de onschuld') van William Blake af te draaien in mijn hoofd:

Om een wereld te zien in een korrel zand
En een hemel in een bloem in de natuur,
Houd je de oneindigheid in de palm van je hand
En de eeuwigheid in een uur.

Een roodborstje in een kooi te kijk
Wekt de woede van het hele hemelrijk.
Door al die duiven en tortels in duiventillen
Staat de hel op zijn grondvesten te trillen.
Een baas die zijn hond honger lijden laat
Leidt tot de ondergang van de staat.
Een paard dat tot bloedens toe wordt geslagen
Zal de hemel om mensenbloed doen vragen.
Iedere schreeuw van een opgejaagd konijn
Scheurt meteen een vezel uit het brein.

Als een leeuwerik aan zijn vleugel wordt verwond
Houdt een cherubijn terstond zijn mond.
Een voor het gevecht uitgeruste haan
Jaagt de rijzende zon doodsangst aan.

En zo verder, verder tot:

Dood de vlinder noch de mot,
Want het Laatste Oordeel is nabij.

6 november. Een eekhoorn loopt op me af door het gras van het weiland. Op het erf blaffen de honden naar de naderende postbode, waardoor de eekhoorn schrikt, mij eindelijk opmerkt en met een kwikzilveren sprint verdwijnt. Een zwerm eenden (uit hun kegelvormige lichamen klinkt een soort fluitend geluid: mandarijneenden) stijgt op van de rivier. Ik controleer het losbandige, lastige veehek bij de rivier om te voorkomen dat de ram steeds weer ontsnapt. De dassen zijn onder het hek door gekropen om de eikels te eten.

De koeien staan weer in het weiland en nemen de laatste 'happen' van de grasgroei die het gevolg is van een aantal benauwde dagen. Daarna begint het weer te regenen en wordt de grond al snel te drassig om hun gewicht te dragen. Om het in boerenjargon te zeggen: ze zullen de grond 'vertrappen', het in een grote modderpoel veranderen. Ik moet mijn ogen dichtknijpen vanwege een stortbui en leid ze naar hun onderkomen voor de winter.

Maar de resten van de najaarszon zetten november weer in brand. De dagen klaren op en de zon blijft haken in spinnenwebben in de heggen en graspollen. De es is helemaal kaal door de stortbuien, maar de elzen en eiken hebben nog steeds hun bladeren.

Ik houd van het braille van boomstammen, de manier waarop je de boom op de tast kunt identificeren. De stam van de eik heeft rechthoekige mozaïektegels en die van de oude es een soort rasterwerk als huid. De ingezakte vlier bij de beek heeft langgerekte verweerde spleten in polystyreen. Zilverberken zijn even glad als zijden kousen. Dan heb je nog de laatste hazelaar op de grens van Bank Field, die van een struik in een boom is veranderd en deel uitmaakt van de heg die geen heg meer is maar een sjokkende parade van gebogen schildwachten. Die is helemaal glad en gepolijst doordat de koeien er in oeroude zomers tegenaan hebben geschuurd. Wanneer ze schommelend langskomen, doen ze dat ook bij de twee eikenhouten palen van het hek, zodat de gebleekte houten palen nu glimmen en glad aanvoelen.

Margot wil niet meer meedoen aan het polijsten. Het imposante beest is dood. Ik moet misschien haar volledige naam vermelden omdat dit een overlijdensbericht is: Worlingworth Margot, dochter van Woldsman King Harry en Woldsman Ember. Ze was een Red Poll met een stamboom, maar ze was ook al meer dan twee jaar artritisch. Zo af en toe viel ze, en dan moesten vele handen of de jeep haar overeind helpen zodat ze weer goedmoedig achter de rest van de kudde aan kon sjokken.

Vanochtend doet zich geen Lazarus-moment voor, geen mirakel. Ze is in de sloot bij de paddock gevallen en moet uit de zuigende modder worden getrokken met de tractor – rookwolken die opstijgen uit de uitlaatpijpen – en een industriële ketting met schakels die even groot zijn als een vuist. Maar wanneer ze eenmaal aan land is getrokken en op het veld ligt, slagen zelfs mijn liefdevolle woorden er niet in om haar overeind te doen komen. Ze ligt op haar zij en kijkt op met haar witte, marmeren en geaderde ogen. Ze ziet er meelijwekkend uit, met een groezelige sjaal van modder over haar prachtige vacht. Met haar maaiende voorpoten maakt ze kleine halve manen in de wei, waardoor ze het gras wegploegt en er alleen maar meer modder ontstaat.

Haar dochter, Mirabelle, kuiert naar haar toe en snuffelt aan haar. Ze kan de naderende dood al ruiken.

Ik wil al naar huis lopen om de veearts te bellen en te vragen of hij haar een spuitje kan geven, maar blijf dan staan. Margot heeft een hekel aan veeartsen met hun persoonlijke deodorant van zalfjes en kwaaltjes. Ze is een oude dame die op een natuurlijke manier heengaat, en op die manier laat ik haar ook uit deze wereld vertrekken. De hele doffe ochtend staat haar dochter naast haar, maar ze kijkt haar moeder niet meer aan. De andere koeien komen een voor een met hun nieuwsgierige, snuffelende snuiten afscheid nemen. Ik ben erbij wanneer ze haar laatste adem uitblaast en het leven en de stront haar verlaten. Ze sterft tegen een achtergrond van een middaglucht die is geschilderd met donkerpaarse olieverf. Ik bedek haar kop met een plastic suikerbietenzak zodat de kraaien haar ogen niet zullen uitpikken.

Margot, mijn lieve, nukkige ouwe koe, een waar beest van het veld.

Volgens recent genetisch onderzoek stamt al het rundvee af van slechts tachtig oerossen die ongeveer 10 500 jaar geleden werden gedomesticeerd in Iran. Dat is niet lang na de uitvinding van de landbouw. De geschiedenis van de veehouderij in Engeland begint korter geleden, met het eerste gedomesticeerde vee dat hier ongeveer zesduizend jaar geleden is gearriveerd. De runderen hadden onmiddellijk invloed op de aarde van Albion: de mestkeverpopulatie groeide exponentieel.

Schapen waren de belangrijkste inheemse grazers, vooral buiten de vruchtbare dalen in de laaglanden, en leverden wol, vlees en melk. Runderen hadden echter een groot voordeel ten opzichte van schapen: ze konden worden gebruikt als trekdier. Bij neolithische opgravingen zijn runderbotten gevonden met het soort sporen dat ontstaat door trekken en ploegen. Een koe is natuurlijk ook een 'os'. Door slechte voeding of selectief fokken werden de inheemse runderen kleiner (in Schotland waren er runderen met een schofthoogte van ongeveer een meter) en makkelijker in bedwang te houden dan hun wilde soortgenoten.

Uit de wetten van de Angelsaksische koning Ine van Wessex (688-695) blijkt dat de veehouderij aan het einde van de zevende eeuw een stadium had bereikt dat enigszins te vergelijken is met de huidige toestand, met beesten die op bepaalde velden werden gehouden:

> 40. Het grondbezit van een vrij man dient zowel in de winter als de zomer omheind te zijn. Wanneer dat niet het geval is, of wanneer het vee van zijn buurman door een opening komt die door zijn toedoen is ontstaan, zal hij geen aanspraak kunnen maken op dat vee, maar het moeten verdrijven en zelf voor de schade moeten opdraaien. [...]
> 42. Als vrije boeren de taak hebben om een gemeenschappelijk weiland of ander stuk land dat in stroken is verdeeld te omheinen, en als sommigen hun deel van het hek hebben gebouwd en anderen niet, en als hun gemeenschappelijke akkers worden kaalgevreten [door loslopende dieren], dan moeten degenen die verantwoordelijk zijn voor de opening de anderen, die hun deel van de omheining voor hun rekening hebben genomen, een genoegdoening betalen voor alle mogelijke schade die ze hebben geleden.

Het fokken van rundvee voor vlees was een latere maar geheel Engelse uitvinding, waarbij de weiden van Herefordshire een belangrijke rol hebben gespeeld. Tot de achttiende eeuw was het rundvee in het zuiden van Engeland helemaal rood met een witte vlek bij de staart of de uiers, vergelijkbaar met de huidige Red Polls. Tijdens de achttiende eeuw werd er ander vee (voornamelijk Shorthorns) gebruikt om een nieuw type rundvee met het kenmerkende witte gezicht te fokken, de Hereford, die vanaf 1817 de wereld veroverde, van Amerika tot Australië. Niets is zo Engels als rundvlees – zelfs Sint-Joris, rugby, sandwiches met komkommer en cricket niet. Het is al eeuwenlang een nationaal symbool, en voor de Fransen staan we bekend als *les rosbifs*. Het lied 'The Roast Beef of Old England', dat in 1731 werd geschreven, was vroeger een soort volkslied dat door het publiek in schouwburgen werd gezongen:

> De machtige rosbief die de Engelsman heeft gevoed
> Maakte ons nobel van aard en verrijkte ons bloed,
> Onze soldaten kloek en onze hovelingen goed.
> Oh! De rosbief van het oude Engeland,
> En de oude Engelse rosbief!

Verreweg de belangrijkste factor bij de smaak van rundvlees is het dieet van het dier. In tegenstelling tot in de Verenigde Staten wordt rundvee in Engeland nog steeds grotendeels gevoed met wat ze in het wild zouden eten – gras en voer dat daarvan is gemaakt, zoals kuilgras en hooi. Bij vergelijkend onderzoek blijkt vlees van dieren die gras hebben gegeten altijd beter te smaken, gezonder te zijn en meer vitaminen, meer goede omega-3-vetzuren en minder ongezonde vetten te bevatten.

Maar het smaakt minder goed dan vroeger. Hoe kan het ook anders? Dieren zijn wat ze eten. Het gevarieerde, rijke gras van vroeger gaf het vlees smaak.

De allerlaatste oerossen zijn in 1627 in Polen gestorven. (Het is niets nieuws dat de mens andere soorten uitroeit door de jacht.) Een oeros was ongeveer even groot als een grote koe van vandaag de dag, zoals het Belgisch witblauw. Na ongeveer tienduizend jaar zijn we er dus alleen in geslaagd koeien te fokken die ongeveer even groot zijn als de wilde.

Ik ben ontroostbaar wanneer ik door het weiland loop en overal sporen van Margot zie. (Ik besteed evenveel aandacht aan de poep van mijn vee als Romeinse auguren aan de ingewanden van een uil. Er valt veel over de gezondheidstoestand van een dier af te leiden aan zijn excrementen. Inktzwarte keutels die in kleine brokjes afbreken zijn een goed teken bij schapen. Groene smurrie is niet zo best en wijst waarschijnlijk op een overdaad aan wormen in de ingewanden.) Waar poep is, is ook een rijkdom aan ongewerveld leven. Koeienpoep bevat ongeveer tweehonderdvijftig insectensoorten. Van de zesenvijftig Britse kevers die in verband kunnen worden gebracht met mest, wonen er zestien in koeienmest, vijftien in paardenvijgen en dertien in schapenkeutels. De uitwerpselen van een koe produceren voedsel voor 0,1 ton aan insectenlarven per jaar.

Mest is zo'n geliefde voedselbron dat insecten er soms al eieren in leggen voordat het ook maar op de grond is beland. Met grazen wordt maar ongeveer tien procent van de energie aan gras onttrokken, waardoor het vermalen afval verrijkt wordt achtergelaten. Al deze ongewervelde dieren helpen om de mest af te breken en te recyclen en voorzien andere dieren ook van een overvloedige maaltijd. Mest verrijkt de aarde en voedt een heel lange voedselketen.

Het merkwaardige is dat enkele van de mooiste insecten in deze mest leven. Het is vanmiddag zo warm dat er donkerbruine drekvliegen rondzoemen. Ik por met een stok in een aantal koeienvlaaien. Er zijn kortschildkevers en mestkevers, waaronder *Geotrupes stercorarius*, die een zwarte bovenkant heeft en een schitterende paarse onderkant.

Onopgemerkt en ongeëerd zwoegen de bacteriën, ongeveer een miljard per gram, de verborgen boeren van het land, die de fecaliën afbreken in humus, in aarde.

11 november. Sint-Maarten. De dag waarop het vee werd geslacht en gezouten. *Remembrance Day*, de dag waarop in het Verenigd Koninkrijk de gevallenen van de Eerste Wereldoorlog worden herdacht, de dag waarop de Fransen de duisternis met lantaarns verlichten. Sint-Maarten was een tijd voor grote feesten en arbeidsmarkten, waar landarbeiders een nieuwe betrekking zochten:

> Mannen en jongens die een nieuwe betrekking zoeken staan in de straten van de stad, vaak met een strootje in hun mond, maar degenen die een betrekking hebben, voegen zich bij de vrolijke menigte tussen de kraampjes en kermisattracties. De vrouwen en de meisjes hebben gewoonlijk een eigen zaal gekregen van de dames van de streek, en daar worden gepaste verfrissingen verstrekt. 's Avonds is er een dansfeest en soms is er ander amusement. In de meeste plaatsen was het dit jaar een groot probleem om een fatsoenlijke bediende te vinden omdat meesters zo bang waren hun capabele mannen en vrouwen kwijt te raken dat ze hen weer hadden aangenomen. Onder deze omstandigheden kregen tweederangs bedienden een beter loon dan ze hadden verwacht. In het gemiddelde geval, wanneer we een aantal belangrijke arbeidsmarkten nemen, gingen hoofdmannen met een loon van negentien pond per halfjaar er ongeveer een pond op vooruit ten opzichte van het jaar ervoor. Ervaren melksters van vijftien pond gingen er ook op vooruit.
>
> ***Manchester Guardian*, 22 november 1913**

Het traditionele eten met Sint-Maarten was rosbief. Sint-Maartensrosbief, gedroogd in de schoorsteen, was het typische wintermaal in de graslanden van Herefordshire. Er werd beweerd:

Sint-Maartensbief is best te bikken
Voor boeren die niet over lekkernijen beschikken.

Sinds 1918 worden op 11 november in Groot-Brittannië de doden van de Eerste Wereldoorlog herdacht en zijn alle herinneringen aan de oude Sint-Maartensfeesten verdwenen.

Op deze dodenherdenking wordt Margot meegenomen. Haar stijve lijk wordt in de achterbak van een spelonkachtige vrachtwagen van de slager gehesen, zodat ze haar plaats kan innemen tussen de opgezwollen schapen, koeien met houten poten en een geel varken, en haar rol kan spelen in een visioen van Goya die aan de tranquilizers zit.

Ik zou haar willen begraven op de plek waar ze thuishoort, in het weiland, zodat haar vlees als voedsel kan dienen voor het vlees dat de aarde is. Maar op last van de overheid moet ze worden verbrand in het abattoir.

Ik kan wel huilen.

18 november. Er komen al wekenlang kramsvogels en koperwieken langs, maar nu arriveren ze in hordes, als Vikingen. Ze zijn het geluid van de winter.

Ik heb ze 's nachts al 'tsjakkend' horen langsvliegen. En 's ochtends spitten ze inderdaad door de gevallen bladeren in de boomgaard, ongeveer met zijn vijftigen. In het veld zit nog een zwerm lijsterachtigen uit het noorden, allemaal door elkaar, die de meidoorn bij het hek leegplukt.

De kramsvogel ontleent zijn Engelse naam, *fieldfare*, aan het Angelsaksische *felde-fare*, 'de reiziger over de velden'. Voor Chaucer was *Turdus pilaris* de 'koude loop-in-'t-veld' en hij wordt ook echt door het barre weer uit zijn Scandinavische broedgebied naar het zuiden verdreven. Er komen ongeveer een miljoen koperwieken en kramsvogels uit het noorden overwinteren. De meeste lijken ook met ons te zijn meegekomen. Tippi Hedren zou het allemaal maar niks vinden.

20 november. Aantekening op een blaadje papier: 'De els is zijn bladeren kwijt, maar de katjes zijn er nog. De eikenbladeren lijken wel verbrand, de jongere eik in Marsh Field een rouwzeil in de wind.'

21 november. Ik pluk rozenbottels van de uitgegroeide hondsroos in het bosje en vind een van die opmerkelijke woekeringen die een rozenmosgal of slaapappelgal wordt genoemd. Deze wordt veroorzaakt door een piepkleine galwesp die *Diplolepis rosae* heet. De vrouwtjeswesp legt haar eieren in de knop van de roos, hercodeert zo het normale groeiproces, waardoor de roos een ronde mosachtige bal produceert. Binnenin zit een honingraat van kamers, en in elke daarvan zit de larve van de wesp. Er is ook een bont gezelschap van opportunisten aanwezig, waaronder andere galwespen, plus parasitoïde wespen. Er is zelfs een soort bronswesp die parasiteert op parasitoïde wespen die op parasitoïde wespen parasiteren – in totaal een keten van vier parasitoïde wespen die op elkaar leven.

Deze gal is al over zijn hoogtepunt, maar biedt eind november nog steeds onderdak aan minuscule wespenlarven.

Een stel staartmezen is druk bezig in de eik. Er zitten er een stuk of twintig, die misschien allemaal familie van elkaar zijn. Ze zijn elkaar de hele tijd aan het roepen – 'tzie, tzie'. Darwin zou vast geschokt zijn geweest als hij had geweten dat deze vogel de gewoonte heeft om samen te werken.

24 november. Een dode das op de weg. Ik weet zeker dat het het oude mannetje is. Het slachtoffer van een auto. Dassen zien er niet echt schattig uit. De varkenssnuit en de bonte strepen op zijn kop zijn nog vreemder wanneer je ze van dichtbij bekijkt.

Ik rijd door en laat de das aan de rand van de weg liggen. Niets is zo eenzaam als de dood.

De volgende dag ga ik terug met een grote plastic zak (van de onvermijdelijke suikerbieten) om de das op te halen en hem in het veld te begraven.

Het lijk is al weggehaald, waarschijnlijk door de gemeente, waar iemand in dienst is die dassenlijken verzamelt. Maar ik word ineens sentimenteel en stel me voor dat de andere dassen zijn lijk hebben meegenomen en begraven. De naturalist Brian Vesey-Fitzgerald heeft een keer een dassenbegrafenis gezien. Dat was in 1941, tijdens de Tweede Wereldoorlog, en de dassenfamilie dolf een graf, duwde het overleden dier erin en bedekte het toen met aarde. Stof zijt gij en tot stof zult gij wederkeren. Het zeugje jammerde de hele maanloze nacht.

27 november. Vanavond zie ik iets wat ik nog nooit heb gezien, iets waarvan ik niet wist dat het bestond. Het is laat en ik maak een wandeling door de velden in het maanlicht, omdat ik dol ben op de eenzaamheid in het donker. Wanneer ik naar de ongebroken nacht van Midden-Wales in het westen kijk, verschijnt er in de hemel opeens een boog van wit licht die de aarde omspant. Ik ben bang, alsof ik ben uitverkoren voor een almachtige openbaring, zoals Paulus toen hij op weg was naar Damascus en een visioen had, en er gaan een paar tellen voorbij voordat het tot me doordringt waar ik naar kijk.

Ik kijk 's nachts naar een regenboog. Een maanboog.

28 november. Aantekening: 'Ochtend in het veld: om 6.45 uur enorme eskaders van kauwen die rondjes vliegen. Er komen er steeds meer bij. Een enorm kabaal. Daarna vliegen ze bijna allemaal weer weg, met uitzondering van een stel onverbeterlijke individualisten die hun eigen gang gaan.' Twee uur later is er een paarlemoeren zonneschijn.

Er zijn vogels die elkaar begroeten en waarschuwen, maar de enige vogel in het veld die zingt is het roodborstje. Zelfs in de winter verdedigt het roodborstje zijn stuk land. Hoewel hij als de pin-up van de kerstkaartenindustrie fungeert, is de roodborst eigenlijk een venijnig zangvogeltje. Er ligt een dode roodborst op het gras naast het bosje, met een kopje dat is ingeslagen en een oog dat uit zijn kas is gepikt door een beukende, prikkende snavel.

Dit is een stervende wereld. Een boerderij in de buurt vindt zichzelf opnieuw uit als vakantieaccommodatie. Op het mooie veld zullen tipi's verrijzen. Dat is net zoiets als een hond die op een wit berbertapijt schijt.

De wind harkt door de vallei en doorzoekt iedere plooi van de aarde en een niet-dichtgeknoopt jaspand. En daar is Reinaert, de rekel, die opgewonden aan het graven is. Zijn vacht staat in bloei en heeft de roodbruine tint van gloeiende sintels. Maar de wind is zo sterk dat zijn haren helemaal door de war raken. Een tekenfilmvos die zijn poot in het stopcontact steekt ziet er waarschijnlijk gesoigneerder uit. Hij hoort me niet en ziet me niet wanneer ik hem vanachter nader. De zachte grond absorbeert de trillingen van mijn voeten. Ik ben zo kinderachtig dat ik de verleiding niet kan weerstaan om hem aan het schrikken te maken. Wanneer ik zijn staart met de witte punt bijna kan aanraken begin ik hard te kuchen.

Vossen kunnen heel hard rennen.

30 november. Warme, oranje gloed in de namiddag. De zucht van mijn voeten in het berijpte gras van de avond. Ik trek mijn jas om me heen, sla de grond om me heen, wikkel mezelf in de aarde. Terwijl de nacht neerdaalt, hoor ik het onbeholpen jagen van de woelmuizen, spitsmuizen en muizen in de heg. Spitsmuizen houden geen winterslaap omdat ze te klein zijn om de benodigde vetreserves voor de winter op te slaan. En tijdens deze snijdend koude nacht is de hemel ook werkelijk bezaaid met sterren.

December

Vos

Het veld is dood. In één klap. Beeld zonder geluid. Het tegenovergestelde van de bedrijvigheid van de zomer. Het gras groeit niet meer.

Door de levenloze mist is het ook een zwart-witfoto. De dagkoekoeksbloem in de sloot bij Grove Field die het gedurende het hele verkeerde seizoen heeft volgehouden, heeft het uiteindelijk opgegeven. Alleen in het kreupelhout en de heggen is wat kleur te vinden, in het rood van de hulst, de meidoorn en de rozenbottels. Hulst diende in de Middeleeuwen als kerstboom omdat de rode bessen het bloed van Christus zouden voorstellen. Ook elders is de kleur rood te vinden in december. Het roodborstje. Jagersjas. Vos.

De mist trekt op en wordt gedurende een bemoedigende week vervangen door rijp en blauwe luchten en het geblaf van een vos bij de wassende maan. Venus is al aan de hemel te zien voordat de zon achter de berg ondergaat. Daarna begint het 's nachts te sneeuwen.

'S Ochtends hoor ik het gerekte miauwen van de buizerd boven het maagdelijke veld en zie ik een veelzeggend urinespoor op een pluk gras. Door een gat in de heg van Bank Field zie ik de vos behoedzaam en met gespitste oren over de sneeuw sluipen. De vos blijft staan, draait zijn kop om beter te horen en loopt dan weer een paar passen verder. Dan gaat hij op zijn achterpoten staan en duikt hij naar voren.

De sneeuw stuift op door zijn gegraaf.

Hij vangt een aardmuis, die hij in één keer doorslikt.

Toen ik een jaar of tien was, nam mijn vader een keer een vos mee naar huis in de achterbak van zijn gele Rover 2000. De vos bleek bij nadere inspectie het opgezette exemplaar uit de etalage van de wapenhandel in West Street in Hereford te zijn. De vos was niet alleen opgezet, maar vormde ook het middelpunt van een edwardiaans jachttafereel, een complete scène waarin de grommende vos naar twee konijnen keek die tevoorschijn kwamen uit een hol. (Dat bouwwerk was van een of ander vroeg soort geverfd plastic gemaakt.) De wapenhandelaar hield ermee op en in een goede bui had mijn vader bedacht dat ik de vos wel leuk zou vinden.

Dat vond ik ook. Maar toen het geval eenmaal op mijn slaapkamer stond, bleken de labradors het ook maar al te leuk te vinden. Ze kwamen geregeld stiekem binnen om op de opgezette konijnen te kauwen.

Ik zat urenlang naar de vos te staren. Ik mat hem van zijn klauw tot zijn schouder, van het uiteinde van zijn snijtanden tot zijn kaakbeen, van het puntje van zijn staart tot zijn rug. De vos was de aanleiding om op zoek te gaan naar natuurboeken in de openbare bibliotheek aan Broad Street en daar stuitte ik (dankzij een suggestie van de schoolmeester) op *Wild Lone: The Story of a Pytchley Fox* van B.B. In zekere zin heb ik heel veel aan die opgezette vos te danken, want het was vooral dankzij B.B. dat ik een soort spiritueel respect voor de natuur kreeg, iets wat verder ging dan eenvoudige bewondering of sentimentele eerbied. (Hoewel ik me daar ook wel eens aan schuldig maak.)

Ik was weliswaar dol op mijn opgezette vos, maar ik ben niet echt weg van het dier wanneer hij nog in leven is, van de moordenaar van onze kippen, eenden en lammeren. Ik heb wel respect voor hem, maar er is geen sprake van liefde. Mijn ambivalentie blijkt wel uit het feit dat ik bij mijn weten de enige ben die heeft meegedaan aan de vossenjacht én de vossenjacht heeft geprobeerd te 'saboteren'.

Nu pas snap ik waarom ik een ongemakkelijk gevoel krijg van vossen. Voor een dier dat familie is van de hond is de vos griezelig katachtig. Vossen kunnen niet alleen bijzonder katachtig naar een muis duiken, maar hebben ook lange, verticale pupillen. De edwardiaanse preparateur die mijn vos had opgezet, had het dier vriendelijke, lichtbruine hondenogen gegeven.

De vos draaft weg door de sneeuw en lijkt zich ervan bewust dat hij mooi is. Hij is een echte plattelandsvos. Bij het minste beetje licht herken ik hem aan zijn grootte en zijn zwarte achterpoten. Hij is een drie jaar oude rekel en de vader van de jongen die in februari zijn geboren. Soms bekijk ik hem vanuit het huis wanneer hij een ronde maakt langs zijn territorium van ruwweg tweeënhalve boerderij, ongeveer veertig hectare, dat wordt begrensd door de rivier en de weg. Hij draaft wel, maar schiet niet echt op omdat hij om de vijftig meter blijft staan om geurvlaggen uit te zetten. Reinaert, zoals ik hem in gedachten altijd noem, doet het helemaal niet slecht, want hij is ondertussen alweer drie. Het sterftecijfer voor volwassen vossen is vijftig procent per jaar. Het sterftecijfer voor welpen en jonge vossen is zestig à zeventig procent.

Ik weet dat een van de welpen uit het bosje dood is. Hij was de rivier overgestoken naar de groeve en had zich in het territorium van de vossen in het bosje gewaagd. Het lichaam lag twee dagen geleden pontificaal midden in de schapenweide aan de overkant van de landtong. Toen ik ernaartoe liep, zag ik dat hij lelijk was toegetakeld bij zijn nek.

Mijn tegenstrijdige gevoelens over vossen zijn natuurlijk een nationale tic. Geen ander dier is zo hardnekkig belasterd en zo oprecht geantropomorfiseerd – en vaak als Reinaert, de naam die oorspronkelijk afkomstig is uit een twaalfde-eeuws gedicht in het Latijn waarin Reinardus zijn domme oom, de wolf Ysengrimus, steeds te slim af is. In 'Het verhaal van de nonnenpriester' van Geoffrey Chaucer duikt hij op als Rosseel en als volwaardig personage verschijnt hij onder zijn eigen naam in William Caxtons *History of Reynard the Fox*, dat in 1481 werd gepubliceerd. De systematische jacht op de sluwe einzelgänger *Vulpes vulpes* begon ook al vroeg. Tijdens de dertiende eeuw had Edward de Eerste al koninklijke vossenjagers. Het doden van vossen beperkte zich niet tot de jacht met honden. Onder de wetten met betrekking tot ongedierte van de Tudors leverde de kop van een vos een shilling op, en het kon niemand veel schelen hoe Reinaert was gedood. In zijn boek *Silent Fields* beweert de natuurhistoricus Roger Lovegrove dat de vossenjacht het fanatiekst werd beoefend op het oude platteland van Groot-Brittannië, waaronder ook in deze moerassen bij Wales.

Het weiland is niet meer zo glad en zo groen als een biljartlaken. Na twee dagen vorst is het gras bleek en lusteloos van de rijp. Een moment van schoonheid wanneer de regendruppels op de stampers van de zegge glinsteren als robijnen en smaragden in een verhaal van Rider Haggard. De heggen en de bomen in het bosje zijn skeletten van hun vroegere gestalten. De buizerds begroeten de morgenstond en de kauwen sluiten de dag af.

14 december. De dienst in de kathedraal van Hereford waarbij mijn dochter kerstliederen zingt: tijdens het eerste deel van de dienst komt het enige licht van een kaarsenkroon die in het midden boven het transept hangt. Later die avond ga ik naar het veld en sta ik in de duizelingwekkende duisternis, met de lichten van de sterren boven me. De bergen lijken wel hoge muren, de sterren kaarsen. Er is geen verschil tussen de kathedraal en het veld.

Ik raas inwendig tegen de uitvinding van het kunstlicht. Wanneer je 's nachts onder een immense sterrenhemel in het veld staat, ben je een onderdaan van het universum. Zie je hoe onmetelijk groot het allemaal is. De sterren deden Australopithecus dromerig en in verwondering omhoog staren, maar Londen heeft sinds de Blitz al geen sterren meer gezien.

De volgende middag komt een gezelschap opgewekte spreeuwen uit het dorp langs. Ze zijn lichter in hun winterkleed, dat ook een patroon heeft als een soort sterrenhemel.

16 december. Het ondergrondse veld: ik graaf een gat voor een hekpaal nadat de motregen zo behulpzaam is geweest het land voor me te ontdooien. Ik vind het verslavend om in het weiland te graven, om de verborgen diepte ervan bloot te leggen.

Er is verbazingwekkend veel leven onder een graspol: de c-vormige larve van een meikever, een wolfsspin, piepkleine gele paddenstoelen met een knotsvormige hoed en de poppen van vlinders. Wanneer je de schop nog dieper in de grond steekt, zie je de graafwerkzaamheden van de wormen, allemaal organische ploegen die plantenresten naar beneden trekken, composteren en tunnels naar de bodem graven. De graafwerkzaamheden gaan door tot een diepte van ongeveer veertig centimeter, zelfs nog dieper dan de gezwollen wortels van de paardenbloem. Sap komt in het voorjaar op; de kracht van planten zakt in de winter in de wortels.

Een bedompte zondagmiddag met een roerloze, loodgrijze lucht, een kettingzaag die zich verderop langs de rivier door stammen vreet. Edith en ik lopen het veld in. Wanneer we in de buurt van de sloot van de watersalamanders komen, verjaagt Edith een snip, die zigzaggend wegvliegt.

Wanneer ik weer thuis ben pak ik mijn dagboek en noteer ik de namen van alle vogels die ik dit jaar in het veld heb gezien. Ten eerste die op de grond of in de heggen en de bomen:

Snip, zanglijster, merel, vink, roodborstje, buizerd, goudvink, raaf, ekster, veldleeuwerik, wulp, houtduif, putter, roek, rouwkwikstaart, patrijs, boomklever, grauwe vliegenvanger, tjiftjaf, zwartkop, grote bonte specht, groene specht, winterkoninkje, staartmees, koperwiek, kramsvogel, graspieper, huismus, kauw, eend, gele kwikstaart, zwarte kraai, pimpelmees, koolmees, kievit, reiger, bosuil, kerkuil, steenuil, geelgors, spreeuwen.

Vogels die over- of langsvlogen: rode wouw, torenvalk, mandarijneend, reiger, Canadese gans, gierzwaluw, zwaluw, huiszwaluw, grote zaagbek, ijsvogel, sperwer, fuut, waterspreeuw.

Alles bij elkaar zijn er twee soorten meer dan vorig jaar, hoewel er ook twee opvallende afwezige zijn: de ringmus en de keep.

Ik ben in een lijstjesbui en stel ook een lijst op van alle bloemen in het weiland: pinksterbloem, Franse aardkastanje, kleine ratelaar, veldlathyrus, tormentil, gewone rolklaver, kruipend zenegroen, knolsteenbreek, blauwe knoop, ogentroost, gewone margriet, rode klaver, witte klaver, boshyacint, gevlekte aronskelk, dagkoekoeksbloem, duizendblad, paardenbloemen, gele dovenetel, vingerhoedskruid, kamille, distels, kluwenhoornbloem, echte koekoeksbloem, hondsdraf, kleefkruid, bosanemoon, bosbingelkruid, muur, zuring, fluitenkruid, berenklauw, gulden sleutelbloem, stengelloze sleutelbloem, wilde rozen, kamperfoelie, heggenwikke, smalle weegbree, kleine veldkers, ruige leeuwentand, poelruit, brandnetel, beemdooievaarsbek, vertakte leeuwentand.

17 december. Er giert een meedogenloze wind over het veld. Nu de bladeren zijn afgestorven of afgevallen, zijn de kleine vogels beter zichtbaar. In de met korstmos begroeide appelbomen van Bank Field kruipt een boomkruiper omhoog. Hij pikt met zijn snavel, die even gekromd is als die van de wulp.

Een dag waarop het snel donker wordt. Er verschijnt een das bij het bosje. Hij wordt bijna onmiddellijk aangevallen door drie passerende zwarte kraaien en gaat er meteen weer vandoor. Wanneer ik naar het bosje loop, zie ik dat de das een pluk hooi naar het hek heeft gesleept, waarschijnlijk voor in zijn burcht. Dit is behoorlijk ambitieus omdat die zich een paar honderd meter verderop bevindt. Maar ook in de burcht gaat het leven duidelijk door, zoals dat al vele jaren het geval is.

19 december. Een van die merkwaardig milde, bijna lenteachtige dagen die zich soms in december voordoen. 's Ochtends is het hele veld bespannen met spinnenwebben, zoveel zelfs dat de lage zon die erin weerspiegeld wordt verblindend is, als maanlicht op de zee. De lucht vult zich met wegzwevende herfstdraden met allemaal jonge spinnen die het huis verlaten.

23 december. Het is bijna het hoogtepunt van de paartijd voor de vossen, en er klinkt de hele nacht geblaf. Vossen kunnen een verscheidenheid aan geluiden voortbrengen, hoewel er voornamelijk een staccato 'jip' klinkt of een blaffend 'woe-woe'. Ze produceren ook een 'waaaaaaaaaa'-achtig gehuil waarvan je nekharen recht overeind gaan staan.

Ik loop in het maanlicht naar het veld. Nu kan ik een ander vossengeluid horen: ‘gekkeren’. Dit is een kort gekrijs dat wordt afgewisseld met gepiep, eerder als een papegaai dan als een hond, en wordt voortgebracht bij ontmoetingen met rivaliserende vossen. Het geluid klinkt in de buurt van de rivier en is zelfs boven het gekabbel op de achtergrond te horen. Ik loop niet echt geruisloos over het veld: het heeft twee dagen geregend en daardoor was de klei eerst doorweekt en nu bevroren. De stralen van de maan verlichten glinsterende diamanten in het gras. Ik kijk over het hek van Bank Field en zie de silhouetten van twee vossen aan weerszijden van de rivier, op een afstand van ongeveer tweeënhalve meter. Rode vossen zijn bijzonder territoriaal. Via de randen van de landtong loop ik naar de oever. Het geluid van mijn voetstappen wordt overstemd door dat van het water en ze zijn zo gepreoccupeerd dat ik ze tot ongeveer drie meter kan naderen. De vos op de kiezels aan de overkant van de Escley is perfect verlicht: ik zie de adem die uit zijn grommende bek komt en zijn oren, die plat op zijn kop liggen.

Vossen doen dit al heel lang. In Warwickshire zijn overblijfselen van de rode vos uit het Wolstonian gevonden, en dat betekent dat ze hier 330 000 tot 135 000 jaar geleden ook al waren.

Iets in de atmosfeer verandert, en de vos aan de overkant van de rivier gaat ervandoor nadat hij heeft opgekeken en mij heeft gezien. Reinaert verdwijnt in de schaduwen van het bosje.

Dan ga ik ook weer terug naar mijn hol.

27 december. ’s Nachts zakt de temperatuur onder het vriespunt. Het levensbloed bedaart, vertraagt. Over het veld hangt een roestige eindejaarsgeur. Het veld zou bijna een leeg landschap zijn als ik mijn herinneringen er niet in gedachten op zou plakken. Dit is het veld dat ik met de hand heb gemaaid, het veld waarvan ik deel uitmaak, waar ik de genoegens van de eenvoudige dingen heb ge-

leerd. Als je wilt weten wat geluk is, moet je dat vragen aan de man die aan het hooien is.

31 december. Oudejaarsdag. Ik laat de schapen in het veld en doe een lading hooi in hun ruif. In een soort kringloop komt het hooi ook van dit veld – het hooi van afgelopen zomer, dat ik heb weggesleept op de dekzeilen die nu onontbeerlijk zijn.

De schapen en het hooi zijn binnen. De raaf krast. Ik sluit het hek en ga weg. Zo is het, zo was het en zo zal het altijd zijn.

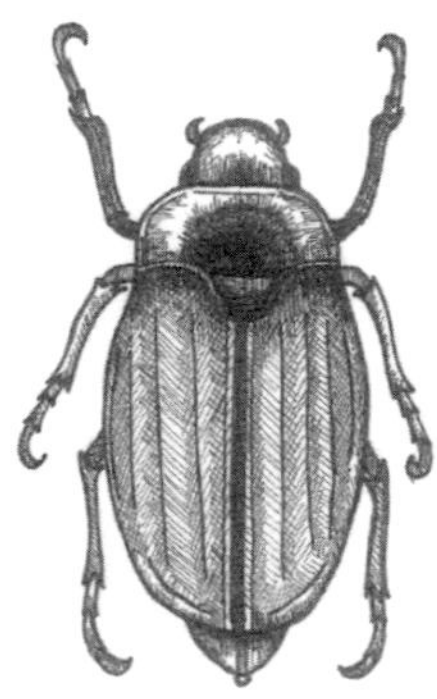

Flora

adelaarsvaren
akkervergeet-mij-nietje
appelboom
beemdgras
beemdkroon
beemdlangbloem
beemdooievaarsbek
berenklauw
blauwe knoop
bosanemoon
bosbingelkruid
boshyacint
bosviooltje
boswilg
braam
braambos
brandnetel
cypergras
dagkoekoeksbloem
distel
duizendblad
echte koekoeksbloem
eik
els
Engels raaigras
es
fluitenkruid
fluweelpootje
Franse aardkastanje
gele dovenetel
gevlekte aronskelk
gevlekte scheerling
gewone hoornbloem
gewone margriet
gewone rolklaver
gewoon reukgras
gewoon speenkruid
gewoon struisgras
grauwe vlekplaat
grote vossenstaart
gulden sleutelbloem
hazelaar
heggenrank
heggenwikke
hondsdraf
hulst
iep
judasoor
kale jonker
kamgras
kamille
kamperfoelie

kleefkruid
kleine ratelaar
klimop
klit
knikkend wilgenroosje
knolsteenbreek
kropaar
kruipend zenegroen
look-zonder-look
maretak
meidoorn
moerasspirea
muur
ogentroost
paardenbloem
pinksterbloem
poelruit
puntig kaalkopje
rode klaver
roodzwenkgras
ruw beemdgras
ruwe smele
scherpe boterbloem
sleedoorn
smalle weegbree
sneeuwklokje
spar
stengelloze sleutelbloem
timoteegras
tormentil
trilgras
veldbies
veldesdoorn
veldlathyrus
veldzuring
verfbrem
vertakte leeuwentand
vingerhoedskruid
vlier
voorjaarspronkridder
wikke
wilde appel
wilg
witte klaver
wolfskers
zevenblad
zuring
zwart knoopkruid

Fauna

aardmuis
aardworm
bladluis
bleek blauwtje
boerenzwaluw
boomklever
boomkruiper
bootsmannetje
bosmuis
bosspanner
bosuil
bronswesp
bruin zandoogje
buizerd
bunzing
Canadese gans
citroenvlinder
daas
dagpauwoog
das
eekhoorn
eend
egel
ekster
fazant
fitis
forel
fuut
gaai
galmug
galwesp
geelgors
gele kwikstaart
gele weidemier
gestippelde duikerwants
gierzwaluw
goudvink
graspieper
grauwe vliegenvanger
groene specht
groene vleesvlieg
grote bonte specht
grote hoefijzerneus
grote zaagbek
haft
hangmatspin
heggenmus
heidedwergspanner
heide-schaaruil
hermelijn
hoekstipvlinder
hommel

houtduif
huismus
huiszwaluw
icarusblauwtje
ijsvogel
kauw
kerkuil
kievit
kikker
kleine huismoeder
kleine rode weekschildkever
kleine vos
kleine vuurvlinder
koekoek
konijn
koolmees
koolwitje
koperwiek
kortschildkever
kramsvogel
krasser
landpissebed
langpootmug
libelle
lieveheersbeestje
lijster
mandarijneend
meikever
merel
mestkever
modderkruiper
moerasparelmoervlinder
mol
mug
naaktslak
nachtzwaluw
nunvlinder
oranjegele bladroller
oranjetipje
oranje zandoogje
otter
paarse loopkever
pad
patrijs
Phylliidae
pimpelmees
putter
pyjamazweefvlieg
raaf
rat
reiger
ringslang
rivierdonderpad
rode wouw
roek
roodborstje
rosse vleermuis
rouwkwikstaart
schaatsenrijder
schietmot
Schotse sneeuwhoen
sierlijke voorjaarsuil
sint-jansvlinder
slechtvalk
smelleken
snip
spitsmuis
spreeuw

springstaart
staartmeest
steekmug
steenuil
strekspin
strontvlieg
tjiftjaf
torenvalk
veelvraat
veldleeuwerik
vink
vinpootsalamander
vliegende mier
voorn
vos
waterjuffer
watersalamander
waterspreeuw
watervleermuis
wezel
winterkoning
woelrat
wolfspin
wulp
zingcicadeachtige
zwarte bonenluis
zwarte kraai
zwarte wegslak
zwartgevlekte herfstuil
zwartkop
zweefvlieg

Een bibliotheek met boeken en muziek van het weideland: een verklarende lijst

Je bent wat je leest. Daarom kan ik het volgende aandragen ter verklaring.

Ik zou willen dat ik nog wist welke meester ons op school voorlas uit *The Little Grey Men* (verhalen over kabouters voor twaalfjarigen, belachelijk!), maar ik vermoed dat het meneer David was, de enthousiaste, jonge leraar met het donkergroene ribfluwelen jasje. Ik vond de kabouters van B.B. best vermakelijk, maar was vooral geïnteresseerd in de subtekst van het boek: de natuurlijke geschiedenis van het Britse platteland.

Dat kende ik wel, dat platteland. Het begon bij de buitendeur en was het land dat mijn grootouders bewerkten. De Herefordshire-variant van dat platteland was het land waar mijn familie al ongeveer negenhonderd jaar woonde. Maar B.B. liet me zien dat alles met elkaar verbonden was. Als kabouters met wilde dieren konden communiceren, kon ik het ook. In zijn voorstelling van de natuur was er geen sprake van Wij en Zij, maar van Wij met ons allen. De natuurlijke wereld werd van binnenuit bekeken, en niet van buitenaf.

Ik was al een buitenkind en trok er graag op uit met mijn zwarte labrador, Rover (natuurlijk), meestal in mijn eentje, maar soms met mijn neven of vrienden. Buiten mijn hond bestond mijn standaarduitrusting uit een buitensporige verrekijker van Boots Empire, een 10 x 50 die altijd pijnlijk tegen mijn borst slingerde wanneer ik in bomen klom om in vogelnesten te kijken, vooral in de takkennesten van houtduiven in de top van de iep. Ik heb nog steeds het *Observer's Book of British Birds' Eggs*, dat ik op mijn zevende heb gekregen, net als mijn boeken van *The Observer* over Britse vogels, over wilde dieren en over het leven in beekjes en sloten. En het AA *Book of Birds*, dat ik op mijn tiende verjaardag van mijn tante Eileen en oom George kreeg en dat op mijn boekenplank naast al die andere onmisbare vogelgidsen uit de jaren zeventig staat: *The Hamlyn Guide to the Birds of Britain and Europe* en de *Collins Pocket Guide to British Birds*. Dat laatste boek had ik gewonnen tijdens een ongekend succesmoment op school dat ik nooit heb weten te evenaren.

Toen ik eenmaal het werk van B.B. had ontdekt, ging ik naar de bibliotheek van Hereford om vervolgens thuis te komen met een schooltas vol boeken als *Down With the Bright Stream*, *The Wild Lone* en *Brendon Chase*. Vooral dankzij die laatste twee boeken werd B.B. de auteur die me het meest heeft beïnvloed. *The Wild Lone* is naar mijn mening nog steeds de best geslaagde poging om in de kop van een dier te kruipen en het leven vanuit een dierlijk perspectief te bekijken, en *Brendon Chase* is de klassieker over jongens die overleven op het Britse platteland, het verhaal van de jongens Hensman die in het bos wonen. (Ik geef toe dat *Great Northern?* van Arthur Ransome aardig in de buurt komt.) Toen ik een grote jongen van in de veertig was, kreeg ik zelf eindelijk de kans om de wildernis in te trekken en te proberen om een jaar te overleven van het eten dat ik kon vinden of kon schieten, een ervaring waarover ik vertel in *The Wild Life*. Het moet geen saaie bedoening worden als je buiten bent, en een vogelaar hoeft niet meteen een personage te worden in een toneelstuk van Mike Leigh. Het buitenleven moet een extatische ervaring zijn.

B.B. is misschien de natuurschrijver die ik het meest bewonder, maar in de loop der tijd is ook het werk van anderen blijven hangen, een beetje zoals kleefkruid vast blijft zitten in een schapenvacht wanneer de dieren langs een heg lopen. De intrinsieke anarchist in me houdt van William Cobbetts klassieker over de zelfvoorzienendheid, *Cottage Economy*, terwijl de middelbare, conservatieve jager dol is op *British Game* van Brian Vesey-Fitzgerald. (Dat laatste boek was nummer twee van de reeks New Naturalist, die trouwens in zijn geheel in de boekenkast van iedere natuurliefhebber thuishoort.) Ik heb mijn beide kinderen *A Kestrel for a Knave* van Barry Hines laten lezen – ik heb het ook gelezen toen ik kind was – om ze te laten inzien dat het een voorrecht is om een huisdier te hebben. Wanneer je de liefde van een dier hebt, hoef je je nooit eenzaam te voelen.

George Orwell schreef ooit dat je een autobiografie niet moet vertrouwen wanneer er niet iets schandaligs in wordt onthuld. Daarom biecht ik hier maar op dat ik de wetenschap wantrouw en dat ik in mijn exactevakkenvrije eindexamentijd de Engelse pastorale poëzie ontdekte: Thomas Hardy, John Clare, Edward Thomas en de ere-Brit Robert Frost. (Thomas en Frost hoorden bij de groep van de Dymock Poets en woonden op slechts enkele kilometers afstand van de plek waar ik ben opgegroeid.) Maken zij ons niet ook allemaal deelgenoot van waarheden over de natuur?

Je leest wat je bent. Ik heb de slechte gewoonte om boeken te lezen over de landbouw uit een andere wereld: het Groot-Brittannië van voor de uitvinding van DDT. George Ewart Evans' *Ask the Fellows Who Cut the Hay*, John Stewart Collis' *The Worm Forgives the Plough* en George Hendersons *The Farming Ladder* zijn altijd geruststellend dichtbij.

Dit is de volledige lijst van de boeken over het weideland die in mijn kast te vinden zijn:

Richard Adams, *Watership Down*, 1972: een *Aeneis* over een groep konijnen. (Vertaald door Max Schuchart, *Waterschapsheuvel*, Het Spectrum.)

J.A. Baker, *The Peregrine*, 1966: Bakers verslag over de jaren waarin hij een stel slechtvalken volgde en waarin het onderscheid tussen man en vogel uiteindelijk lijkt te verdwijnen. Won de Duff Cooper Prize in 1967. (Vertaald door Hans Edinga, *De slechtvalk*, Atlas Contact.)

B.B. (Denys Watkins-Pitchford), *The Wild Lone*, 1938; *Manka the Sky*

Gypsy, 1939; *The Little Grey Men*, 1942; *Brendon Chase*, 1944; *Down the Bright Stream*, 1948. (In 2015 verscheen Luc van Heerwaardens vertaling van *Brendon Chase* bij uitgeverij Ploegsma.)

Ronald Blythe, *Akenfield*, 1969: de laatste dagen van de traditionele landbouw in Suffolk.

Maurice Burton, *The Observer's Book of Wild Animals*, 1971.

Geoffrey Chaucer, *Parlement of Foules* (*Het boek van de hertogin & Het vogelparlement*, vertaald door Adriaan J. Barnouw, H.D. Tjeenk Willink & Zoon, Haarlem, 1966).

A. R. Clapham, *The Oxford Book of Trees*, 1986.

John Clare, *The Shepherd's Calendar*, 1827: het jaar van een landarbeider en al zijn taken en de feesten in verzen gevangen.

John Clegg, *The Observer's Book of Pond Life*, 1967.

William Cobbett, *Cottage Economy*, 1822: de klassieker over de zelfvoorzienendheid. *Rural Rides*, 1830: verslag van een reis te paard door het Engeland van het begin van de negentiende eeuw dat een zalig zwaarmoedig en volstrekt accuraat beeld van het land schetst.

John Stuart Collis, *The Worm Forgives the Plough*, 1973: het werk op het Britse platteland tijdens de Tweede Wereldoorlog.

Country Gentlemen's Association, *The Country Gentlemen's Estate Book*, 1923.

R.S.R. Fitter, *Collins Pocket Guide to British Birds*, 1973.

Roger Deakin, *Wildwood*, 2007.

G. Evans, *The Observer's Book of Birds' Eggs*, 1967.

George Ewart Evans, *Ask the Fellows Who Cut the Hay*, 1956: de orale geschiedenis van een dorp in Suffolk.

Thomas Firbank, *I Bought a Mountain*, 1959: landbouw op een heuvel in Wales.

W.M.W. Fowler, *Countryman's Cooking*, 2006: oorspronkelijk verschenen in 1965 en ondertussen heerlijk politiek incorrect.

Sir Edward Grey (Grey of Fallodon), *The Charm of Birds*, 1927: de man die Groot-Brittannië naar de Eerste Wereldoorlog leidde, was een fanatiek ornitholoog. Dit is zijn onderzoek naar vogelzang. Hij zag niet meer zo goed, maar zijn gehoor was nog uitstekend

Geoffrey Grigson, *The Englishman's Flora*, 1955: nog altijd de flora die ik er als eerste bijpak.

Peter Hawker, *Instructions to Young Sportsmen*, 1910: misschien wel het populairste boek ooit over de jacht.

George Henderson, *The Farming Ladder*, 1944.

Otto Herman en J.A. Owen, *Birds Useful & Birds Harmful*, 1909: dit was het allereerste boek over vogels dat ik ooit zag omdat mijn vaders exemplaar, dat hij van een familielid had geërfd, in de boekenkast op de overloop naast mijn kinderkamer stond.

James Herriot, *If Only They Could Talk*, 1970.

Jason Hill, *Wild Foods of Great Britain*, 1939: een vroeg en inspirerend boek over foerageren.

Barry Hines, *A Kestrel for a Knave*, 1968. (Vertaald door Harm Damsma en Niek Miedema, *Kes*, Podium.)

W.G. Hoskins, *English Landscape*, 1977.

W.H. Hudson, *Adventures Among Birds*, 1913.

Richard Jefferies, *The Gamekeeper at Home*, 1878; *The Amateur Poacher*, 1879; *The Life of the Fields*, 1884.

C.A. Johns, J.A. Owen (red.), *British Birds in Their Haunts*, 1938: ieder lemma is pure literatuur.

Richard Lewington, *Pocket Guide to the Butterflies of Great Britain and Ireland*, 2003.

Ronald Lockley, *The Private Life of the Rabbit*, 1964: de inspiratiebron voor

Adams' *Waterschapsheuvel*. (Vertaald door Hilde C.H. de Witt, *Het leven der konijnen*, Het Spectrum.)

Robert Macfarlane, *The Wild Places*, 2008. (Vertaald door Nico Groen, *De laatste wildernis*, De Bezige Bij.)

J.G. Millais, *The Natural History of British Game Birds*, 1909.

Ian Moore, *Grass and Grasslands*, 1966: uit de reeks New Naturalist.

Ernest Neal, *The Badger*, 1948: ook uit de reeks New Naturalist.

George Orwell, *Coming Up for Air*, 1939. (Vertaald door Gerrit Komrij, *Happend naar lucht*, Atlas Contact.)

Eric Parker, *Shooting Days*, 1918; *The Shooting Week-End Book*, z.d.

E. Pollard, M.D. Hooper en N.W. Moore, *Hedges*, 1974.
Major Hesketh Prichard, *Sport in Wildest Britain*, 1921.
Oliver Rackham, *The History of the Countryside*, 1986.
Arthur Ransome, *Great Northern?*, 1947: het laatste deel van de reeks Swallows & Amazons, waarin de kinderen geloven dat de ijsduiker bij een loch in Schotland broedt. En dat ze hem moeten beschermen.
Romany (G. Bramwell Evans), *A Romany in the Fields*, 1927; *Out with Romany by Meadow & Stream*, 1942.
Siegfried Sassoon, *Memoirs of a Fox-Hunting Man*, 1928.
Peter Scott, *The Eye of the Wind*, 1961: de man die de Wildfowl Trust oprichtte was ook de commandant van een kanonneerboot in de Tweede Wereldoorlog die diverse militaire onderscheidingen ontving. Zijn vader was de Scott van Antarctica, die in zijn laatste, bevroren, aantekeningen zijn vrouw verzocht om 'de jongen interesse voor de natuur bij te brengen'.
John Seymour, *The Fat of the Land*, 1961.
Henry Stephens, *The Book of the Farm*, 1844: het vademecum van de victoriaanse landbouw.
Paul Sterry, *Collins Complete Guide to British Wild Flowers*, 2006.
David Streeter en Rosamond Richardson, *Discovering Hedgerows*, 1982.
Thomas Traherne, *Centuries of Meditations*, 1908: je kunt Traherne omschrijven als de Britse Franciscus van Assisi.
Edward Thomas, *Collected Poems*, 1920.
S. Vere Benson, *The Observer's Book of British Birds*, z.d.
Brian Vesey-Fitzgerald, *Game Birds*, 1946; *The Book of the Horse*, 1946.
Paul Waring and Martin Parson, *Concise Guide to the Moths of Great Britain and Ireland*, 2009.
Gilbert White, *The Natural History of Selbourne*, 1789: de inspiratiebron voor de Britse literatuur over de natuur.
Raymond Williams, *The People of the Black Mountains*, delen 1 en 2, 1989-90: de jongen uit de streek die het gemaakt had. Williams kwam uit het dorp Pandy, aan de voet van de Black Mountains, en

werd docent drama in Cambridge en een marxistische filosoof. Deze twee delen zijn soms nogal geforceerd literair, maar weten de geschiedenis van de Black Mountains wel tot leven te wekken.

Henry Williamson, *Tarka the Otter*, 1927.

William Youatt, *Sheep: Their Breeds, Management and Diseases*, 1848.

Muziek

J.S. Bach, 'Schafe können sicher weiden', de aria uit de *Jagdkantate*, ter ere van de goede herder.

Samuel Barber, *Adagio for Strings*, 1936.

George Butterworth, *The Banks of Green Willow*, 1913: Butterworth sneuvelde in 1916.

Hubert Parry, *Jerusalem*, 1916: ja, hij was familie, of dat beweerde hij tenminste.

Henry Purcell, 'When I Am Laid in Earth', 1688: de aria uit *Dido and Aeneas*.

Supergrass, 'Alright', het nummer uit 1995 van het album *I Should Coco*. Vooral op een warme voorjaarsdag.

Ralph Vaughan Williams, *Fantasia on a Theme by Thomas Tallis*, 1910; *Folk Songs of the Four Seasons*: 'To The Green Meadow', 1950.

Thomas Tallis, *Spem in Allium*, ca. 1570: 'Hope in any other'.

Dankwoord

Ik zou de Society of Authors willen bedanken voor het toekennen van de Foundation Award.

Mijn dank aan Susanna Wadeson en Patsy Irwin van Transworld en aan Julian Alexander en Ben Clark van LAW. Mijn dank ook aan mijn vrouw en kinderen, en aan alle niet zo domme wilde en tamme dieren van het weiland omdat ze me kunnen verdragen. En ook aan alle bloemen, grassen en bomen.

Ten slotte mijn dank aan Faber & Faber en Viking voor toestemming om fragmenten uit *The Classic Anthology Defined by Confucius* ('The Decade of Sheng Min') van Ezra Pound en *The Worm Forgives the Plough* van John Stewart Collis over te nemen.

Verantwoording van de vertaler

De vertaling van het fragment van William Wordsworth op p. 9 is afkomstig uit *Lyrische balladen*, vertaald door Jabik Veenbaas, Athenaeum – Polak & Van Gennep, Amsterdam, 2010; dat van Geoffrey Chaucer op p. 47 uit *Het boek van de hertogin & Het vogelparlement*, vertaald door Adriaan J. Barnouw, H.D. Tjeenk Willink & Zoon, Haarlem, 1966; dat van Walther von der Vogelweide op p. 48 is vertaald door Willem Wilmink en overgenomen uit *Madoc*, april 1996; die van George Orwell op p. 51 en p. 52 komen uit 'Over de pad', in *Een olifant omleggen*, vertaald door Lore Coutinho en Martin Schouten, De Arbeiderspers, Amsterdam, 1973; dat van William Shakespeare op p. 75 uit *Koning Hendrik de Zesde III*, in *De werken van William Shakespeare. Vierde deel*, vertaald door dr. L.A.J. Burgersdijk, E.J. Brill, Leiden, 1885; dat van William Shakespeare op p. 93 uit *Richard III & Macbeth*, vertaald door H.J. de Roy van Zuydewijn, De Arbeiderspers, Amsterdam, 2004; dat van William Shakespeare op p. 108 uit *De storm*, vertaald door Gerrit Komrij, Bert Bakker, Amsterdam, 1985. Alle overige citaten werden door mij, A.W., vertaald.